Position und Situation
der Bürgermeister
in Baden-Württemberg

W0190832

Kohlhammer

Position und Situation der Bürgermeister in Baden-Württemberg

Herausgegeben von Norbert Roth

Mit einem Vorwort von
Hans Zellner

und Beiträgen von
Siegfried Bäuerle
Franz-Ludwig Knemeyer
Norbert Roth
und Hans-Georg Wehling

Verlag W. Kohlhammer
Stuttgart   Berlin   Köln

Die Deutsche Bibliothek – CIP-Einheitsaufnahme

**Position und Situation der Bürgermeister in Baden-
Württemberg** / hrsg. von Norbert Roth. Mit einem Vorw. von Hans
Zellner und Beitr. von Siegfried Bäuerle ... – Stuttgart ; Berlin ; Köln
: Kohlhammer, 1998
  ISBN 3-17-015323-4

Inhalt

Vorwort

Der Verband Baden-Württembergischer Bürgermeister hat eine umfassende Umfrage bei den Kolleginnen und Kollegen in Auftrag gegeben. Aufgrund einer hohen Rücklaufquote, für die ich mich an dieser Stelle besonders bedanken möchte, läßt sich ein besonders aussagefähiges Bild vom Bürgermeister zeichnen, der die Gemeinden Baden-Württembergs in das 21. Jahrhundert führen wird.

Die Umfrage zeigte, daß eine neue Generation von Bürgermeistern herangewachsen ist, die sich auf der Basis einer qualifizierten Berufsausbildung, hoch motiviert, engagiert und unter Zurückstellung privater Belange zum Wohle der BürgerInnen ihres Ortes voll einsetzt. Dabei ist der Bürgermeister in Baden-Württemberg aufgrund der starken verfassungsrechtlichen Stellung sowohl Vorsitzender im Gemeinderat, als auch Chef der Gemeindeverwaltung und hält dabei alle Zügel fest in einer Hand. Eigentlich ein „Traumjob", könnte man meinen, wenn man diesen Kurzbericht zur Kenntnis nimmt.

In letzter Zeit haben sich die Anzeichen dafür gemehrt, daß das Amt des Bürgermeisters bei weitem nicht mehr so attraktiv ist, wie es sich eingangs darstellt. Dies zeigt deutlich das Wahlverhalten bei Bürgermeisterwahlen, wenn selbst in attraktiven Städten und Gemeinden nur ein oder zwei ernstzunehmende Bürgermeisterkandidaten antreten, und sich amtierende Bürgermeister nach einer oder zwei Wahlperioden nicht mehr weiter um dieses Amt bewerben. Qualifizierte und ernsthafte Kandidaten werden oft von der vielfachen Inanspruchnahme des Amtes abgeschreckt, zumal eine wöchentliche Arbeitszeit von 60–70 Stunden im Regelfall zu leisten ist. Die Familie steht heute weitaus stärker als früher im Vordergrund, und oft weigern sich die Familienangehörigen, außer den Abenden auch noch das Wochenende für den Beruf des Bürgermeisters zu opfern. Ohnehin ist der Bürgermeister vor Ort – insbesondere in kleineren Gemeinden – Mädchen für alles; jederzeit erreichbar und verfügbar, regelt er selbstverständlich auch Kleinigkeiten innerhalb kürzester Frist.

Einhergehen diese negativen Faktoren mit einer Flut von Gesetzen, Verwaltungsvorschriften, Erlassen und oftmals unnötigen Statistiken, die das Verwaltungshandeln aufblähen und erschweren. Rückläufige kommunale Steuereinnahmen, Kürzungen des Landes bei den Zuweisungen an die Gemeinden erschweren im Finanzbereich das Amt zunehmend. Kommunale Entscheidungen, die vor einigen Jahren noch problemlos und zügig erfolgten, werden heute zunehmend durch Diskussionen in Ausschüssen, Kommissionen, Beiräten oder durch Bürgerinitiativen zerredet, auf Jahre blockiert und oftmals über Monate, ja sogar Jahre verschleppt.

Zu diesen großen Belastungen tritt die zunehmende Verschlechterung der persönlichen Rahmenbedingungen. Dazu hat in erster Linie der Gesetzgeber beigetragen, der in den letzten beiden Jahrzehnten nicht für eine Aufbesserung im Besoldungsbereich gesorgt hat, obwohl in verwaltungsähnlichen Bereichen in der Privatwirtschaft vielfach Gehaltserhöhungen und Strukturverbesserungen ermöglicht wurden. Hinzu kommen erhebliche Einschnitte und eine drastische Verschlechterung in der bereits seit 1992 in Kraft getretenen Beamtenversorgung, die viele Kollegen schlechter stellt als bisher.

Die Sorge des Verbandes der Baden-Württembergischen Bürgermeister gilt deshalb in erster Linie der Politik, die erkennen muß, daß es im Interesse der BürgerInnen der Städte und Gemeinden, aber auch im Interesse des Landes Baden-Württemberg notwendiger denn je ist, die Position des Bürgermeisters zu stärken und nicht durch weitere Verschlech-

8

terungen der Rahmenbedingungen das Gegenteil zu erreichen.

Nur gut ausgebildete, hoch motivierte Bürgermeister werden auch künftig dafür die Gewähr bieten, daß sich unsere Kommunen weiter entwickeln und das Rathaus nach wie vor eine Stelle für ratsuchende BürgerInnen ist. Auch demjenigen, der sich mit dem Gedanken trägt, sich für das Amt des Bürgermeisters zu bewerben, sollte diese Veröffentlichung eine Hilfestellung geben.

Hans Zellner, Wilhelmsfeld
Vorsitzender des Verbandes
der Baden-Württembergischen Bürgermeister

Norbert Roth

Einführung

In der Tat verfolgt der Verband der Baden-Württembergischen Bürgermeister seit geraumer Zeit mit wachsender Besorgnis, wie die Attraktivität des bürgermeisterlichen Amtes abnimmt. War es in früheren Jahren selbstverständlich, daß qualifizierte und starke Persönlichkeiten den Weg in diese verantwortungsvolle Tätigkeit suchten, und hat diese Aufgabe unstrittig als „Traumjob" gegolten, so ist heute eine zunehmende Abstinenz zu erkennen. Junge, befähigte Verwaltungsleute überlegen sich eher, ob und wie sie bei den dort gestiegenen Chancen eine Karriere im Laufbahnbereich suchen sollen, wie z.b. eine Umfrage bei den Studenten der Fachhochschule für Öffentliche Verwaltung in Ludwigsburg ergeben hat. Auch befähigte Leute aus verwaltungsverwandten Berufsfeldern sehen die Möglichkeit, schneller in anderen Bereichen ihren Erfolg zu finden.

Zugleich muß der Verband feststellen, daß gewählte Bürgermeister wegen der zunehmenden Belastung in diesem Amt lieber früher aufhören, wo es doch zuvor eher selbstverständlich war, daß man zu seiner kommunalen Aufgabe bis zu seiner Zurruhesetzung gestanden ist.

Die Gründe für diese Abkehr sind zunehmend klarer zu fixieren: persönliche Belastung, Inanspruchnahme der Familie, Zeitaufwand, immer weniger Effizienz in den politischen Entscheidungsprozessen spielen eine wichtige Rolle. Aber immer mehr auch die Möglichkeit, in anderen Arbeitsfeldern in bequemerer Weise Karriere machen zu können.

Der Bürgermeister-Verband hat deshalb in den vergangenen Jahren seinen Mitgliedern Seminare mit dem Psychologen Dr. Siegfried Bäuerle angeboten, in welchen insbesondere auch die persönlichen und psychischen Belastungen in diesem Amt ausdiskutiert und Hilfestellungen gegeben werden sollten. Die Nachfrage war überwältigend, was auch einen entsprechenden Beratungsbedarf dokumentierte. Dies hat auch zu dem Entschluß geführt, in einer breiten Aktion die Bürgermeister zu ihrer Situation zu befragen. Etwa 70 % der Befragten haben damals Antworten gegeben, welche nun in sorgfältiger Arbeit ausgewertet worden sind und in diesem Buch erstmals der Öffentlichkeit vorgestellt werden können.

Damit ist die kommunale Führungselite von Baden-Württemberg in einer Weise durchleuchtet worden, wie dies seither noch nicht und auch sonst nirgends geschehen ist. Für die damit verbundene Arbeit möchte ich Herrn Dr. Bäuerle einen herzlichen Dank sagen.

Es geht aber nicht so sehr um die Situation der Bürgermeister in diesem Lande. Vielmehr stellt sich die zwingende Frage, welche Qualität die Selbstverwaltung in den Gemeinden künftig haben wird, wenn sich qualifizierte Führungsleute nicht mehr so sehr in das kommunale Führungsamt gezogen fühlen. Die Gemeinden haben in der Nachkriegszeit eine großartige und entscheidende Aufbauarbeit in unserem Staat geleistet. Ebenso haben sie sich in den letzten Jahren zu hochleistungsfähigen öffentlichen Service-Unternehmen entwickelt. Dies ist unstrittig gerade auch den engagierten und fachkundigen Bürgermeistern zu danken.

Es ist unabdingbar, daß man die Gemeinden in unserer Gesellschaft als leistungsfähige öffentliche Institutionen vor Ort auch jetzt und künftig braucht. Gerade auch der Staat ist hierauf angewiesen.

Wenn dies aber das politische Zeit bleibt, dann kann man das Amt des Bürgermeisters nicht dieser sich ständig vermindernden Attraktivität überlassen. Vielmehr sind gemeinsame und klare Anstrengungen nötig, die hohe Qualität, die bewährte Leistungsbereitschaft wie auch die enorme Belastungsfähigkeit dieser Führungsgruppe zu sichern. Hier kann gewiß in den Kommunen einiges geschehen. Auch die

Verbandsarbeit wird verstärkt diesem Ziel dienen. Vor allem ist aber das Land Baden-Württemberg gefragt. Es hat sich nicht nur seither uneingeschränkt zu einer starken verfassungsrechtlichen Stellung seiner Bürgermeister bekannt und damit großen Erfolg gehabt. Es muß nun auch, um seiner Verantwortung und seinen Kompetenzen gerecht zu werden, seine Rahmenbedingungen für diesen Berufsstand verbessern. Und im finanziellen Bereich zum Beispiel hat es seit 1978 eine strukturelle Fortschreibung ängstlich vermieden. Die Wirtschaft macht aber überzeugend vor, wie qualifizierte Führungskräfte zu gewinnen und zu halten sind. Und auch in anderen, etwa halböffentlichen Bereichen hat man inzwischen Wege gesucht und gefunden, um einer Abwanderung von Führungskräften zu begegnen.

Mit dieser Schrift soll auf diese kommunale Aufgabe wie auch auf die aktuelle berufsständische Situation aufmerksam gemacht werden.

Sie wird durch interessante Beiträge von den hoch geachteten Kommunalwissenschaftlern Professor Dr. Knemeyer, Vorstand des Kommunalwissenschaftlichen Forschungszentrums Würzburg, wie auch von Professor Dr. Wehling, welcher 1984 das Buch „Der Bürgermeister in Baden-Württemberg" herausgegeben hat, ergänzt und unterstützt. Auch diesen beiden Herren möchte ich für ihren Beitrag herzlich danken. Schließlich möchte ich auch die Bereitschaft des Bürgermeister-Verbandes, die Herausgabe dieses Buches im Verlag Kohlhammer zu ermöglichen, anerkennend hervorheben.

NORBERT ROTH

Quo vadis,
kommunale Selbstverwaltung?

Das Amt des Bürgermeisters
braucht dringend eine bessere Attraktivität!

Stehen die baden-württembergischen Bürgermeister bald
auf der „Roten Liste"? Diese herausfordernde Frage stellte
Prof. Dr. Hans Georg Wehling anläßlich seiner landespoli-
tischen Betrachtungen zum 40-jährigen Bestehen unseres
Bundeslandes. Gewiß werden die Bürgermeister so schnell
nicht unter die schutzbedürftigen Arten in unserem Lande
fallen. Indessen mehren sich aber doch zunehmend die Zeichen, daß der Bürgermeisterposten nicht mehr so attraktiv
gesehen wird, wie man dies seither gewohnt war.

Bislang hatten sich viele fachlich und persönlich qualifizierte Persönlichkeiten durch diese Aufgabe angezogen ge-
fühlt und bereitgefunden, sich den Bürgern in Wahlen zu
präsentieren und in die kommunalpolitische Verantwortung
zu gehen. Die Kommunen konnten bei ihrer Suche nach ihrer
politischen Führungsperson mehr oder weniger aus dem
vollen schöpfen und sind dadurch auch etwas verwöhnt
worden.

Was waren die Gründe? Der Bürgermeister genießt in Baden-Württemberg eine starke verfassungsrechtliche Stellung. Der Vorsitz im Gemeinderat, die politische und juristische Repräsentanz der Kommune sowie die Rolle als Chef
der Gemeindeverwaltung geben ihm eine starke Position.
Gestützt auf diese Führungsfunktion konnte der Bürgermeister gestalten, wie auch sein ganzes persönliches Engagement einbringen und sein kreatives Können voll entfalten.
Auf diesem Fundament konnte er kommunale Politik machen und mit dem Gemeinderat und den politischen Kräften

in der Bevölkerung die angestrebten Zielsetzungen in der Gemeinde kraftvoll umsetzen.

Dazu gibt ihm die unmittelbare Volkswahl eine unanfechtbare Legitimation, eine „höhere Weihe". Nicht vom Rat gewählt – wie in den nördlichen Bundesländern –, ist er während der Wahlperiode kaum der Disposition der örtlichen politischen Gruppierung ausgeliefert. Noch weniger ist er vom Rat schon abwählbar, wenn sich zum Beispiel der politische Wind etwas dreht. Deshalb konnte der Bürgermeister klaren politischen Zielrichtungen nachgehen, ohne ständig eine verwässernde Rücksicht nach jeder Seite nehmen zu müssen.

Ja, auf diesem Fundament und unter solchen Voraussetzungen Bürgermeister zu werden, das war für viele engagierte Verwaltungsfachleute wie auch örtliche Persönlichkeiten nicht nur ein „Traumjob". Und die Gemeinden haben in größtem Ausmaße von diesen Bürgermeistern und kraftvollen Persönlichkeiten profitiert. Der Wiederaufbau nach dem Kriege gibt hiervon ein bestes Zeugnis; nur die Gemeinden haben als öffentliche Ebene nach der Zerstörung des staatlichen Bereiches sofort weiter funktioniert und die Versorgung der Bevölkerung garantiert.

Die Entwicklung der Gemeinden von obrigkeitlicher Verwaltung zum effizienten Dienstleistungsunternehmen ist weithin dem Bürgermeister zu verdanken. Durch seine Unabhängigkeit und Objektivität war er Garant für stabile politische Verhältnisse. Er hielt die Fäden in der Hand und war damit auch Bürge für stabile finanzielle Verhältnisse.

Bürgermeister – ein Traumjob?

Ist das Amt des Bürgermeisters heute noch ein „Traumjob"? Das gilt kaum noch und nicht mehr für jeden potentiellen Bewerber! Selbst attraktive Städte müssen heute froh sein, wenn sie bei der Wahl ihres Bürgermeisters oder Oberbürgermeisters einen oder zwei wählbare Kandidaten finden. Eine besorgniserregende Entwicklung zeigt sich auf!

Woran liegt dies?

1. Die Zeit- und Lebensplanung der jüngeren Menschen ist eine andere geworden. Bisher waren die Bürgermeister bereit, ihre zeitliche Disposition ganz in den Dienst des Berufes zu stellen und sich dessen Bedürfnissen voll unterzuordnen. 60 bis 70 Stunden Arbeitszeit in der Woche hat in der Regel dieses Amt eingefordert: tagsüber in der Woche als Chef der Verwaltung, abends in Sitzungen und Versammlungen, am Wochenende als Repräsentant auf Festen, Einweihungen, Jubiläen und dergleichen. Der Job ist zu einem ständigen 7-Tage-Rennen geworden. Der damit verbundene Dauerlauf läßt dem Amtsinhaber keine Zeit mehr, sich zu entspannen oder sich persönlichen Hobbys zu widmen. Die jungen Leute entwickeln zunehmend eine andere Vorstellung von Lebensqualität. Am Freitagnachmittag soll möglichst Schluß mit der Wochenarbeit sein, das Wochenende soll für sie selbst und die Familien disponierbar bleiben. Lieber würde man einen angestrengten Sprint in der Woche hinlegen, dafür Entspannung am Wochenende haben oder auch mal am Abend frei sein.

2. Die Familie akzeptiert den beruflichen Druck nicht mehr. Bei der genannten zeitlichen Belastung hat der Amtsinhaber kaum Zeit für die Familie. Die Ehegattin und die Kinder sind deshalb die eigentlichen Opfer dieser übermäßigen Dauer-Inanspruchnahme. Es braucht somit auch nicht zu verwundern, daß die Ehefrauen sich zunehmend weigern, die von der Öffentlichkeit erwartete volle Hingabe des Ehemannes an sein Amt zu akzeptieren. Sichtbar werdende familiäre Probleme, auch eine zunehmende Scheidungsrate, geben hiervon Zeugnis. Auch die Kinder sind die Opfer. Und es ist ein alarmierendes Signal, wenn sich Kinder schon schriftlich an den Bürgermeister-Vater wenden, weil er persönlich nicht mehr zu erreichen ist.

3. Die geschützte Privatsphäre wird kaum noch respektiert. Es mag für Politiker ein Ziel sein, möglichst oft in der Presse zu erscheinen. Ein Bürgermeister erkennt aber bald,

daß er eine gute Arbeit viel eher in der Stille leisten kann. Und dennoch kann er sich kaum noch dagegen wehren, daß er immer mehr Objekt der Medien oder sonst Gegenstand öffentlichen Gebrauches wird. Über den beruflichen Bereich hinaus ist der Bürgermeister öffentliches Objekt geworden. Eine Privatsphäre ist ihm keinesfalls mehr sicher, und ebenso findet er kaum noch ein Refugium zur Entspannung und zur Regeneration.

4. Die Effizienz der Arbeit sinkt beträchtlich. Der Bürgermeister präsentiert sich vor der Wahl seiner Bevölkerung mit seinem Wahlprogramm und klaren kommunalpolitischen Zukunftsperspektiven. Dies wird von seinen Wählern auch erwartet. Die Umsetzung dieser Zielsetzung wird indes immer schwieriger. Eine Fülle von äußeren Vorgaben beeinträchtigt eine kreative kommunale Politik. Das zunehmende Netz von staatlichen Vorschriften und Planungen, eine sich bis ins Detail vorwagende Verwaltungsgerichtsbarkeit, wie auch der „Goldene Zügel" des Staates im finanziellen Bereich machen den Bürgermeister immer mehr zu einem Erfüllungsgehilfen anderer Kräfte und mindern seine eigene Gestaltungskraft.

Aber auch im gemeindlichen Bereich lassen sich heute Zielsetzungen nicht so rasch umsetzen. In allen Phasen eines Entscheidungsprozesses werden immer breitere Diskussionen erforderlich. Viele Gremien, Ausschüsse, Kommissionen, Beiräte, Interessengemeinschaften, Bürgerinitiativen beanspruchen eine Beteiligung. Dadurch wird zwar mehr demokratische Legitimation erzielt. Die Entscheidungsvorgänge dauern aber oft quälend lange. Eine effiziente Leistung ist kaum noch machbar. Auch kann der Bürgermeister immer weniger Gewähr für eine „Politik aus einem Guß" bieten, obwohl die Bevölkerung ihm eine solche Führungskraft abverlangt: Die politischen Kräfte wollen immer mehr ihre parteilichen Süppchen kochen.

Wie oft wird verlangt, daß man ein rasches und entschiedenes Handeln beweisen solle? Der Anspruch der Öffentlichkeit auf ständige Information wie auch auf ständige Mitgestaltung läßt dies aber nicht zu.

5. Das Reservoir für Fachbürgermeister wird kleiner. Zumindest im württembergischen Landesbereich war es bisher Tradition, daß die Bürgermeister weitgehend aus dem gehobenen oder höheren Verwaltungsdienst rekrutiert worden sind. So konnte man fachkundige Führungskräfte gewinnen, welche auf diesem Fundament auch ihren Mann gestanden haben. Bei der gegenwärtigen Diskussion um den Nachwuchs für die Bürgermeister darf man nicht übersehen, daß vor 20 oder 30 Jahren der weibliche Nachwuchs im gehobenen Verwaltungsdienst etwa 5 Prozent betragen hat. Heute erreichen die weiblichen Beamtenanwärter eine Zulassung von 75 Prozent!

Es darf kein Mißverständnis entstehen: Selbstverständlich ist es begrüßenswert, daß Frauen immer mehr in den Verwaltungsdienst gegangen sind. Und ebenso ist es wünschenswert, daß sie auch kommunalpolitische Führungsaufgaben übernehmen. Endlich gibt es in Baden-Württemberg jetzt auch Bürgermeisterinnen! Indessen muß aber doch festgehalten werden, daß Frauen durch ihre eigene persönliche Lebensplanung wie auch durch ihre Bereitschaft zum Kind erheblich weniger Neigung zeigen, Bürgermeister in einer Gemeinde zu werden. Das Reservoir für Bürgermeister ist also durch die jetzigen Zulassungspraktiken erheblich gemindert.

Wechsel statt Kontinuität?

Zudem läßt auch bei den gewählten Bürgermeistern die „Lust am Amte" nach. Die vorstehend genannten Gründe, die junge Bewerber vom Amt abhalten, gelten auch hier. War es früher eher der Normalfall, daß der Bürgermeister bis zu seiner Versetzung in den Ruhestand im Amt blieb, so wollen heute zunehmend die Amtsinhaber früher aufhören. Teils fühlen sie sich durch den zunehmenden beruflichen Streß verbraucht, teils haben sie aus den genannten Gründen resigniert, teils wollen sie aber auch noch „etwas anderes" machen.

Viele Bürgermeister sehen überdies, daß sie in vergleichbarer Tätigkeit in der Privatwirtschaft besser bezahlt würden, ohne daß sie insbesondere an den Abenden oder am Wochenende dieser totalen Beanspruchung wie auch der fast absoluten Vereinnahmung durch die Öffentlichkeit ausgesetzt wären. Tatsache ist, daß die Privatwirtschaft bei vergleichbarer Verantwortung erheblich besser bezahlt, als dies für diesen kommunalpolitischen Führungsbereich geschieht. Aber auch verwandte öffentliche bzw. halböffentliche Bereiche sind am Bürgermeister vorbeigezogen. So hat zum Beispiel das Land für die leitenden Kräfte bei den Sparkassen ganz andere Möglichkeiten einer leistungsgerechten Vergütung eröffnet. Für die Gemeinden ist es aber ein herber Verlust, wenn die Amtsinhaber gerade in den besten Jahren sich aus vorgenannten Gründen entscheiden, das bürgermeisterliche Amt aufzugeben und in die Wirtschaft zu wechseln oder sich zu verselbständigen. Dies ist eine besorgniserregende Entwicklung.

Aber auch die Bevölkerung unterliegt dem Wandel und hat zunehmend andere Vorstellungen entwickelt. Die Bürger wollen nicht mehr unbedingt durch Jahrzehnte hindurch den gleichen Amtsinhaber, selbst wenn dieser unstrittig eine erfolgreiche Arbeit leistet. Nach einem gewissen Zeitablauf sucht man ein neues Gesicht und wünscht „öfter mal was Neues". Auch dieser Aspekt verdient eine nähere Betrachtung. Dabei bleibt aber festzuhalten, daß die jüngsten Veränderungen im Beamtenversorgungsrecht wegen ihres restriktiven Inhaltes das Ausscheiden des Amtsinhabers überhaupt nicht fördern.

Der Verband der Baden-Württembergischen Bürgermeister beschäftigt sich seit Jahren intensiv mit diesen kommunalpolitischen Entwicklungen und gesellschaftlichen Veränderungen. Für die Bürgermeister hat er zum Beispiel Seminare eingerichtet, um ihnen ein Instrumentarium zur Bewältigung des beruflichen Stresses wie auch der persönlichen und familiären Belastung zu geben. Der große Zulauf zeigt nicht nur die Notwendigkeit solcher berufsständischen Hilfestellungen, er ist nicht nur ein Beleg für ein erfolgreiches Fortbildungsangebot, vielmehr ist er auch ein besorgniserregendes Zeugnis der immens zunehmenden äußeren wie inneren Belastung der Kollegen.

Der Verband der Bürgermeister legt deshalb eine Denkschrift vor, in welcher er die Situation der Bürgermeister der Öffentlichkeit und den politischen Kräften im Lande sichtbar machen will. Vorab hat eine Umfrage bei den Kreisverbänden schon folgendes Ergebnis erbracht:

1. In der ersten Amtsperiode befinden sich derzeit rund 32 Prozent der Bürgermeister, in der zweiten Amtsperiode rund 27 Prozent, in der dritten 33 Prozent. Immerhin haben sich auch noch rund 8 Prozent der Bürgermeister zu einer vierten Amtsperiode bereit erklärt bzw. haben von ihrer Bevölkerung ein solches Mandat erhalten.

2. Indessen läßt sich klar erkennen, daß die Dauer der Amtsperiode spürbar abnehmen wird. Während nach gegenwärtiger Erkenntnis etwa bereits 13 Prozent der Bürgermeister nach der ersten Amtsperiode, 27 Prozent nach der zweiten und 30 Prozent nach der dritten Amtsperiode aufhören, also demnach die weiteren 30 Prozent erst nach der vierten Amtsperiode in den Ruhestand getreten sind, wollen 70 Prozent (!) der jetzigen Amtsinhaber nicht bis zur Altersgrenze im Amt bleiben. Als Idealvorstellung gilt, daß man nach der zweiten oder dritten Periode aufhört und in einen anderen beruflichen Bereich wechselt.

3. Die Besoldung wird auch nicht mehr von allen Amtsinhabern für ausreichend betrachtet. Über die Hälfte ist der Meinung, daß die berufliche Belastung und das Gewicht der Arbeit im Vergleich mit der Privatwirtschaft nicht genügend honoriert werden.

4. Drei Viertel der Amtsinhaber würden die hohe persönliche und zeitliche Beanspruchung für sich noch akzeptieren, wenngleich man weitgehend der Meinung ist, daß man an die Grenzen des Zumutbaren gestoßen ist. Alle halten die familiäre Belastung für zu hoch und für dringend veränderungsbedürftig.

Man braucht am beruflichen Engagement und an der kommunalpolitischen Verantwortungsbereitschaft der Bürgermeister überhaupt nicht zu zweifeln. Trotzdem beunruhigen diese ersten Befragungsergebnisse; denn sie dokumentieren eine zunehmende Resignation der Amtsinhaber aus Überlastung.

Kommunale Selbstverwaltung darf nicht schwächer werden!

Diese Entwicklung und Situation bei den Bürgermeistern unseres Landes ist aufgezeigt worden, weil es vordergründig um berufsständische Fragen dieser kommunalpolitischen Führungskräfte geht. Im Grunde aber ist vielmehr die künftige Entwicklung und Qualität der kommunalen Selbstverwaltung angesprochen. Die Gemeinden sind Grundlage unseres Staates. Sie sind der Ort, wo der Bürger Raum für seine Entwicklung sucht und seine Existenz gestaltet. Dort sucht er Geborgenheit. Dort erlebt er Gemeinschaft mit anderen und erlernt Mitverantwortung für unsere Gesellschaft. Gerade deshalb braucht er eine funktionierende Gemeinde, welche ihm die erforderlichen und gesuchten Dienste geben kann.

Bis jetzt haben die Kommunen in Baden-Württemberg ihre Aufgaben immer wieder in überzeugender Weise erfüllen können. In einer lebendigen Selbstverwaltung wurden beständig die Dienste für ihre Einwohner verbessert und eine kommunale Lebensgrundlage geschaffen, die von bester Qualität ist. Land und Bund konnten sich auf die Gemeinden auch absolut stützen im Bewußtsein, daß diese vor Ort auch die staatlichen politischen Zielsetzungen solidarisch und bestens umsetzen.

Wenn Stabilität und Dynamik der Gemeinden in unserem Bundesland Baden-Württemberg hervorgehoben und gelobt werden, dann sind die Bürgermeister in entscheidender Weise die Garanten für die Wertschätzung, die den Kommunen entgegengebracht werden kann. Sie waren und sind die Bürgen für das Funktionieren und die Verläßlichkeit der bürgerschaftlichen Selbstverwaltung. Ihr Engagement und ihr Können bilden das unstrittige Fundament für das hohe Leistungsniveau in der Gemeinde. Ebenso sind sie die Motoren des beständigen kommunalen Fortschritts.

Diese Stabilität des Berufsstandes und sein Leistungsvermögen sind aber durch die jetzige Entwicklung spürbar gefährdet. Dies ist nicht nur eine berufsständische Frage. Vielmehr geht es insbesondere auch um die Erhaltung der Leistungskraft unserer Gemeinden und um die Stabilität der Demokratie auf örtlicher Ebene. Es ist deshalb eine gesellschaftliche und politische Aufgabe, das Amt des Bürgermeisters zu stabilisieren und ihm eine neue Attraktivität zu geben. Nur wenn es gelingt, einerseits die Amtsinhaber zu stützen, andererseits qualifizierten Kräften den Weg zu einer attraktiven Aufgabe als Bürgermeister zu ebnen, nur dann wird die kommunale Selbstverwaltung ihren hohen Rang und ihre Leistungskraft behalten können.

FRANZ-LUDWIG KNEMEYER

„Rechtsstellung und Bedeutung des Bürgermeisters in der dualen Rat-Bürgermeister-Verfassung"[1]

Betrachtet man die – landläufig noch so bezeichneten – süddeutschen Kommunalverfassungen durch die politische Brille, so stellen sie sich dar als Bürgermeister-Verfassungen. Der Bürgermeister ist derjenige, den der politisch Interessierte als Gemeindeoberhaupt ansieht. Der Bürgermeister besitzt Macht und Gestaltungsfülle wie kein anderer. Zudem ist er – gerade in Baden-Württemberg – parteiunabhängig und besitzt eine durch die unmittelbare Bürgerwahl verliehene „höhere Weihe".

Durch die kommunalrechtliche Brille betrachtet teilt der Bürgermeister die Gemeindeaufgaben mit dem Rat. Kommunalrechtlich zutreffend ist dann auch, die süddeutsche Kommunalverfassung nicht als „Süddeutsche Ratsverfassung", sondern als Rat-Bürgermeister-Verfassung zu bezeichnen.[2] Sie wurden, blendet man einmal die gängige Zufriedenheit mit dem je eigenen System, etwa der norddeutschen Ratsver-

---

1 Der im folgenden aktualisierte Beitrag wurde bereits publiziert im März 1993 in den Mitteilungen des Verbandes Baden-Württembergischer Bürgermeister unter dem seinerzeitigen Titel: „Rechtsstellung und Bedeutung des Bürgermeisters in der süddeutschen Kommunalverfassung". Nach dem Export der süddeutschen Kommunalverfassung in viele andere Länder hat die Beifügung „süddeutsch" nunmehr ihre Bedeutung (glücklicherweise) verloren. Dies wird sich im einzelnen aus dem folgenden Beitrag ergeben.

2 Zur Vielfalt der Bezeichnungen siehe Rolf *Stober*, Kommunalrecht in der Bundesrepublik Deutschland, 3. Aufl., Stuttgart-Berlin-Köln 1996, § 4, sowie *Knemeyer*, Bayerisches Kommunalrecht, 9. Aufl., München 1996, Rn. 230 ff., und neuerdings *Bovenschlute/Buss*, Plebiszitäre Bürgermeister-Verfassungen. Der Umbruch im Kommunalverfassungsrecht, Baden-Baden 1996.

fassung oder der Magistratsverfassung, aus, bei allgemeinen Wertungen sowohl unter Demokratie- als auch unter Effizienzgesichtspunkten schon längere Zeit als der kommunalen Selbstverwaltung besonders förderlich eingestuft. Seit den Kommunalverfassungsreformen der beginnenden neunziger Jahre hat sie im Siegeszug fast alle anderen Länder erobert. Nur Hessen hat an seiner Magistratsverfassung festgehalten. Abweichungen vom „süddeutschen System" bestehen in der parallel zur Urwahl eingeführten Abwahlmöglichkeit jedenfalls der hauptamtlichen Bürgermeister sowie z.T. der Beibehaltung eines vom Rat gewählten Ratsvorsitzenden.

Um Rechtsstellung und Bedeutung des Bürgermeisters zu bestimmen, hat der Kommunalverfassungsrechtler das Gesamtsystem zu betrachten und die kommunalverfassungsrechtliche Einbindung des Amtes herauszuarbeiten. Die Bestimmung der Bedeutung des Bürgermeisteramtes hängt maßgeblich ab von den Gestaltungsmöglichkeiten, die sich aus der Rechtsposition und den verschiedenen Bürgermeisterfunktionen erschließen. Diese Möglichkeiten werden – individuell bestimmt – unterschiedlich genutzt. Starke Bürgermeisterpersönlichkeiten vermögen sie voll auszuschöpfen. Immer eröffnen die rechtlich bestimmten Positionen weite Entfaltungsmöglichkeiten.

Ob und inwieweit gesamtgesellschaftliche Entwicklungen hier Barrieren errichten – Norbert *Roth* hat eindringlich darauf hingewiesen[3] –, kann nicht Gegenstand des dem Kommunalverfassungsrechtler zugewiesenen Einleitungsbeitrags sein. Er kann sich beruhigt der Aufgabe widmen, die kaum zu verbessernde rechtliche Basis darzutun, zu analysieren und von ihr ausgehend die Bedeutung des Bürgermeisteramtes vorzustellen.

Dementsprechend wird zunächst die kommunalverfassungsrechtliche Stellung des baden-württembergischen Bürgermeisters im System der fälschlicherweise (noch) soge-

---

3 *Roth*, Quo vadis, kommunale Selbstverwaltung?, BWGZ 20/92, 608 ff.

nannten „Süddeutschen Ratsverfassung" aufgezeigt und dabei den einzelnen Bürgermeisterfunktionen unter dem Gesichtspunkt ihrer politischen Bedeutung besondere Aufmerksamkeit beigemessen. Die nicht ohne Kritik gebliebene besondere Funktionenfülle (manche beschreiben sie als Machtfülle) wird untersucht unter dem Aspekt der Gefahren für das System, um schließlich im einzelnen darzulegen, daß Befürchtungen regelmäßig aus Ignoranz herrühren und vom systematischen Ansatz her keine andere als die duale Rat-Bürgermeister-Verfassung derart attraktiv und gestaltungsoffen für eigenständige Persönlichkeiten ist, daß diese Kommunalverfassung es aber gleichermaßen dem Rat ermöglicht, seine demokratisch gestaltende Rolle effektiv auszufüllen. Belegt wird dies durch die Übernahme in Länder, die bislang ein anderes System kennen.

So gliedert sich der Beitrag in die drei Teile

  I. Die Rechtsstellung des Bürgermeisters in der dualen Rat-Bürgermeister-Verfassung,
 II. Anforderungen und Möglichkeiten des Bürgermeisters
III. Pro und kontra Funktionenfülle und Urwahl des Bürgermeisters – ein optimales Kommunalverfassungssystem.

I. Die Rechtsstellung des Bürgermeisters

1. Der Bürgermeister als eines der beiden Hauptorgane
der Gemeinde

Haben Niedersachsen und Nordrhein-Westfalen mit ihrer zum Teil noch bis 1999 geltenden Ratsverfassung *„alle Macht den Räten"* gegeben und damit, wie Banner[4] es ausführt, ein

---

4 *Banner*, Vor- und Nachteile der Gemeindeordnungen in der Bundesrepublik, in: *Mombaur*, Neue Kommunalverfassung für Nordrhein-Westfalen?, Köln 1988, S. 26 ff. – Neben diesem Sammelband sei auch hingewiesen auf *von Richthofen/Bollermann* (Hrsg.), Eine neue Gemeindeverfassung für Nordrhein-Westfalen, Dokumentation des

„idyllisches Herrschaftsmodell" in einer Zeit akzeptiert und beibehalten, die ohne klare Steuerung der Verwaltung nicht auskommt,[5] so sind die süddeutschen Gemeindeverfassungen gekennzeichnet durch eine besondere politische Potenz des Bürgermeisters. „Plebiszitäres Wahlkönigtum"[6] und schließlich – in Baden-Württemberg – Wahlunabhängigkeit von einer Partei machen den Bürgermeister quasi unabsetzbar. Eine Abwahl kennen – und dies ist sicherlich kommunaladäquat – weder das baden-württembergische noch das bayerische Recht.[7] Betrachten wir die *Funktionszusammenhänge* im einzelnen und stellen in Gedanken die Ratsfunktionen zur Seite, so wird ein nicht unerhebliches *faktisches Übergewicht* des von der Gemeindeordnung als zweites Hauptorgan konstituierten Bürgermeisters deutlich.[8]

2. Der Bürgermeister als Ratsvorsitzender

Seit alters her ist die *Funktion des Gemeinderatsvorsitzenden* die klassische Bürgermeisterfunktion. Gibt schon allein die Leitung eines Kollegialgremiums weitgehende *Steuerungsmöglichkeiten*, so werden diese verstärkt dadurch, daß er die Sitzungen vorzubereiten und die Tagesordnung zu gestalten hat (§ 34 Abs. 1 BWGemO).

Symposiums der Fachhochschule für öffentliche Verwaltung NRW in Hilden am 28. November 1988, Bd. 1 der Schriftenreihe der Fachhochschule für öffentliche Verwaltung NRW, 2. Aufl., Gelsenkirchen 1989.

5 Zur notwendigen Steuerung der Fachpolitiken: *Banner*, Vor- und Nachteile der Gemeindeordnungen (Fn. 4), S. 28.

6 *Wehling*, Auswirkungen der Kommunalverfassung auf das lokale politisch-administrative Handeln, in: *Schimanke* (Hrsg.), Stadtdirektor oder Bürgermeister, Basel u.a. 1989, S. 84 ff., 89; *Wehling* spricht sogar von Omnipotenz.

7 In anderen Ländern wurde mit Einführung der Direktwahl des Bürgermeisters auch die Abwahl jedenfalls für den hauptamtlichen Bürgermeister eingeführt. – Siehe dazu auch hinten bei Fn. 24.

8 Zum faktischen Übergewicht auch *Wehling*, Der Bürgermeister und „sein" Rat, Politische Studien Nr. 273, Januar/ Februar 1984, S. 27 ff.

Gerade über die Sitzungsvorbereitung hat der Bürgermeister eine nicht zu unterschätzende Steuerungsmöglichkeit. Schon durch die Plazierung in der Tagesordnung und die Art der Vorbereitung von Beschlüssen können Alternativen ausgeschieden und kann die vom Bürgermeister präferierte Alternative in den Vordergrund gestellt werden. Schließlich kann das Kollegialorgan ohne seine Ladung nicht zusammentreten (§ 34 Abs. 1 BWGemO).

Wenn der Bürgermeister daneben noch *geborener Vorsitzender der Ausschüsse* (§§ 40 Abs. 3, 41 Abs. 2 BWGemO) ist, so laufen damit politisch alle Fäden in seiner Hand zusammen. Die starke Position als Gemeinderatsvorsitzender zeigt sich darüber hinaus in der Berechtigung, Ausschußbeschlüsse zu *überprüfen* (§ 43 Abs. 2, Abs. 3 BWGemO), Gemeinderatsbeschlüsse und Ausschußbeschlüsse zu *beanstanden*, die Ordnung in den Gemeinderats- und Ausschußsitzungen zu handhaben und Sanktionen zu verhängen §§ 43 Abs. 2, Abs. 3, 36 Abs. 1, 39 Abs. 5, 41 Abs. 3 BWGemO). Damit besitzt der Bürgermeister eine starke *Direktionsmöglichkeit*. Wenn er schließlich auch noch die Gemeinderatsbeschlüsse eigenverantwortlich auszuführen hat (§ 43 Abs. 1 BWGemO), so wird deutlich, daß er es ist, der die *generelle politische Marschrichtung* maßgeblich bestimmt und die Realisierung im einzelnen in der Hand hat.

Nicht unbeachtet bleiben darf die regelmäßig starke Stellung des Bürgermeisters in gegenüber der Kommune verselbständigten Einrichtungen wie Eigenbetrieben und Eigengesellschaften.

Der Vollständigkeit halber sei nur darauf hingewiesen, daß der Bürgermeister in Eilfällen die Rolle des Gemeinderats selbst übernehmen kann, wenn es darum geht, dringliche Anordnungen zu treffen und unaufschiebbare Geschäfte (§ 43 Abs. 4 BWGemO) zu führen.[9]

---

9 Zu Kompetenz und Macht des Bürgermeisters siehe auch *Wehling*, Der Bürgermeister. Rechtsstellung, Sozialprofil, Funktionen, in: *Pfizer / Wehling* (Hrsg.), Kommunalpolitik in Baden-Württemberg, Schriften zur politischen Landeskunde Baden-Württembergs, Bd. 11,

3. Der Bürgermeister als Behördenleiter

Der Bürgermeister ist darüber hinaus aber auch eigenständiges Organ und als solches losgelöst vom Rat. Er ist Chef der Gemeindeverwaltung.

„Der Reiz des Amtes des bayerischen (wie des badenwürttembergischen) Bürgermeisters und natürlich auch zugleich manche der Schwierigkeiten bei seiner Ausübung, liegen darin begründet, daß der Bürgermeister nicht nur Vorsitzender des Rates und gelegentlich selbständig handelnde behördliche Instanz ist ..., sondern daß er zugleich mit der Funktion des Chefs der Gemeindeverwaltung betraut ist."[10]

Als „Gemeinderatsvorsitzender" *und* „Behördenleiter" verbindet er in der Spitze das willensbildende Organ und den Verwaltungsapparat. „Er ist nicht nur Geschäftsleiter ..., Dienstvorgesetzter ..., Wahlleiter, Selbstschutzleiter, Standesbeamter usw., sondern seine politische Funktion besteht zugleich darin, den Rat und die Verwaltung zusammenzuführen und die jeweils spezifischen Funktionen zur Geltung zu bringen. Diese Aufgabe ist höchst reizvoll und wird von den verschiedenen Bürgermeisterpersönlichkeiten in der Praxis sehr unterschiedlich gehandhabt."[11]

Wurden schon einige Aufgaben des Bürgermeisters als selbständigem Organ kurz angesprochen, so liegt ein Schwerpunkt der Arbeit neben der Funktion als Vorbereitungs-, Leitungs- und Vollzugsorgan des kollegial gebildeten Gemeindewillens vor allem in der Erfüllung der Aufgaben, die der Gemeinderat als Kollegialorgan nicht erledigen soll und kann: die sogenannten *einfachen Geschäfte der laufenden*

---

2. Aufl., Stuttgart 1991, S. 162 ff., und *Schmidt-Eichstaedt*, Die Machtverteilung zwischen der Gemeindevertretung und dem Hauptverwaltungsbeamten im Vergleich der deutschen Kommunalverfassungssysteme, AfK 1985, S. 20 ff. m.w.N.

10 *Leclaire*, Die Bedeutung des Bürgermeisteramtes hat zugenommen – Funktion und Position des bayerischen Bürgermeisters, BayBgm 4/5– 1984, 12 ff., 13.

11 *Leclaire*, Bürgermeisteramt (Fn. 10), S. 14.

Verwaltung. Dieser zeitlich für den Verwaltungsapparat sehr aufwendige Bereich muß hier der Vollständigkeit halber mit angeführt werden, selbst wenn er, gegebenenfalls auch noch beschnitten durch Richtlinien des Gemeinderats (Art. 37 Abs. 1 Satz 2 BayGemO), in Grundzügen vorbestimmt wird und damit für die Politikgestaltung weniger Raum läßt. Für die nach außen in Erscheinung tretende Bedeutung ist er relevant.

Bemerkenswert unter dem Gesichtspunkt der Steuerungsmöglichkeit ist schließlich die vom Gesetzgeber eingeräumte und in der Praxis reichlich realisierte Möglichkeit, dem Bürgermeister *Ratsaufgaben zur selbständigen Erledigung* zu übertragen (Art. 37 Abs. 2 BayGemO, § 44 Abs. 2 BWGemO).[12] Auf gerade diesen Aspekt ist später zurückzukommen, wenn es *darum geht, die Ratsaufgaben so zu bestimmen, daß die Räte ihren eigentlichen Funktionen nachkommen können.*[13]

II. Anforderungen und Möglichkeiten des Bürgermeisters

Die Verbindung von Gemeinderatsvorsitz und Verwaltungsführung macht die Position des baden-württembergischen Bürgermeisters im Gegensatz zu den Bürgermeisterfunktionen in Ländern mit Doppelspitze – Bürgermeister und selbständiger Ratsvorsitzender – äußerst *wichtig und attraktiv.*[14]

---

12 Siehe auch § 10 Abs. 3 Mustergeschäftsordnung (MABl 1984, S. 112).
13 Zur ratsentlastenden Funktion *Knemeyer*, Parlamentarisierung der Stadträte oder Stadtregierung? – Rückbesinnung auf eine kommunalverfassungsgemäße Rollenverteilung, in: *Schwab/Giesen/Listl/Strätz* (Hrsg.), Staat, Kirche, Wissenschaft in einer pluralistischen Gesellschaft, Festschrift für Paul Mikat, Berlin 1989, S. 309 ff.
14 Die Funktionen von Verwaltungschef und Ratsvorsitzendem werden noch getrennt in Brandenburg, Hessen, Mecklenburg-Vorpommern, Niedersachsen, Sachsen-Anhalt und Schleswig-Holstein. Die anderen 7 Flächenländer kennen nur eine Spitze.

1. Führungsqualifikationen

Die anspruchsvolle Doppelrolle verlangt allerdings nach *besonderen Eigenschaften*. Sie verlangt politische Führungsqualifikation ebenso wie Befähigung zur *Verwaltungs- und Menschenführung*.[15] Um die Fülle der gesetzlichen Funktionen des Bürgermeisters in der dualen Rat-Bürgermeister-Verfassung miteinander in Einklang bringen zu können, bedarf es der besonderen *persönlichen Qualifikation*. *Leclaire* hat diese treffend bezeichnet als Lotsen- und Steuermannsfunktion, als Hausvater-Funktion und – den Bürger nicht vergessend – auch als Bürgeranwalt; hinzu kommt die nicht unterzubewertende Aufgabe einer allgemeinen Lebenshilfe für seine Bürger. Schließlich hat der Bürgermeister „Verkäufer-Funktionen" zu erfüllen. So wie Bundespolitik und Landespolitik vermittelt werden müssen und derzeit wohl besonders schlecht verkauft werden, so muß auch die Gemeindepolitik in unserem System repräsentativer Demokratie „verkauft" werden. Neben den *politischen und verwaltungsfachlichen* kommt den *menschlichen Qualitäten* eine herausragende Bedeutung für den Bürgermeister zu: „Führungsfähigkeit, Integrationsfähigkeit, Gespür für soziale Konstellationen, Kompromißbereitschaft, Kritikfähigkeit und manchmal wohl auch Schläue, verbunden mit einer gewissen Sturheit. Besonders gewichtig scheint die Fähigkeit, einen Interessenausgleich herbeiführen zu können."[16]

---

15 *Köppler*, Idealvorstellungen auf dem Prüfstand der Wirklichkeit – Personal- und Verwaltungsführung aus der Sicht des bayerischen Bürgermeisters, BayBgm 4/5–1984, 55 ff.

16 *Leclaire*, Bürgermeisteramt (Fn. 10), S. 16, und *Wehling*, Der Bürgermeister (Fn. 9), S. 175.

2. Rollenwechsel

Die Doppelrolle zwingt den Bürgermeister aber auch zum häufigen *Rollenwechsel*. „Einmal ist er und hat er zu sein der Vertreter der Interessen ‚seiner Leute im Rathaus' gegenüber dem Rat, ein andermal ist er und hat er ebenso zu sein der Exponent des Beschlußorgans, das die professionelle Verwaltung zu kontrollieren und dafür zu sorgen hat, daß diese nicht gegenüber dem Rat dominierend wird. Die Bewährung des Bürgermeisters beim Wechsel zwischen diesen beiden Polen seiner Amtstätigkeit, der oft mit erheblichen Rollenkonflikten verbunden ist, stellt einen ganz entscheidenden Teil seiner Bewährung überhaupt dar und setzt menschliche und fachliche Qualitäten voraus, die nur schwer erlernbar sind."[17]

„Wer sich nur als ‚Politiker' versteht, wird eine Gallionsfigur der Verwaltung bleiben. Wer es nicht versteht, neben der Führung der Verwaltungsorganistion auch noch auf dem politischen Klavier zu spielen, der wird im Rat in ständige Bedrängnis geraten. Politische Führungsfähigkeit muß Hand in Hand gehen mit der Bereitschaft und Fähigkeit zur Personalführung."[18]

3. Parteiunabhängigkeit

Um die hier angerissenen anspruchsvollen und konfliktangelegten Funktionen effektiv erfüllen und miteinander vereinbaren zu können, ist dem baden-württembergischen wie

---

17 *Leclaire*, Bürgermeisteramt (Fn. 10), S. 14.
18 *Leclaire*, Bürgermeisteramt (Fn. 10), S. 14, und zur Personalführung insb. *Köppler*, Personal- und Verwaltungsführung (Fn. 15), S. 55 ff.; die Vorteile des „einköpfigen" gegenüber dem „zweiköpfigen" Leitungssystem in den norddeutschen Ratsverfassungen beschreibt u.a. *Wehling*, Der Bürgermeister und „sein" Rat (Fn. 8), S. 36; siehe dazu auch *Wallerath*, Strukturprobleme kommunaler Selbstverwaltung, DÖV 1986, 533 ff., 544.

dem bayerischen Bürgermeister über die direkte Volkswahl für seine Amtsführung eine *weitgehende Unabhängigkeit von einer Partei* ermöglicht.[19]

Leclaire analysiert und beschreibt im einzelnen die *Vorteile der Rechtsposition des bayerischen Bürgermeisters* als direkt gewähltem „Gemeindeoberhaupt". Er weist darauf hin, daß (und wie) der Bürgermeister die Chancen nutzen kann, sich vom Einfluß einer (seiner) Partei soweit zu emanzipieren, daß er sich selbst beim Streit mit seiner Partei sehr oft als selbständiger Kandidat zu behaupten in der Lage ist. Er weist aber auch darauf hin, daß der Bürgermeister als Führungs- und Integrationsfigur dieser Unabhängigkeit bedarf. Nur auf diese Weise wird es ihm möglich sein, bei dem nicht selten gegebenen *Zwang zu Kompromissen erfolgreich zu handeln.*[20]

In eingehenden Untersuchungen zur Parallelsituation in Baden-Württemberg hat Hans-Georg *Wehling* immer wieder darauf hingewiesen, daß gerade die *Urwahl des Bürgermeisters* – verbunden mit der besonderen persönlichkeitsbestimmten Gemeinderatswahl, die dem Bürgermeister weit mehr Einflußmöglichkeiten auf die Repräsentanten gewährt als in anderen Systemen – dem Bürgermeister weitgehend *Distanz zu Parteien und Parteiungen* erlaubt. Volkswahl des Bürgermeisters und bürgerbestimmtes Wahlsystem zum Gemeinderat ergänzen sich in *eigenartiger Weise* vor dem Hintergrund der Bürgervorstellungen von einer parteipolitisch nicht bestimmten Gemeindepolitik, die sich an Sachfragen zu orientieren hat. Wie bei der Gemeinderatswahl, so kommen vor allem bei der Bürgermeisterwahl in weiten Bereichen *parteipolitisch neutrale Selektionskriterien* zum Zuge, und die Bürger honorieren es dem Bürgermeister, wenn er – selbst bei Partei-

---

19 Zur parteipolitischen Unabhängigkeit *Wehling*, Der Bürgermeister (Fn. 9), S. 168 f. sowie *Knemeyer*, Parteien im kommunalen Raum, Städte- und Gemeindebund 7/1985, 291 ff.; *Knemeyer/Jahndel*, Parteien in der kommunalen Selbstverwaltung, Kommunalforschung für die Praxis, Heft 28, Stuttgart u.a. 1991.
20 *Leclaire*, Bürgermeisteramt (Fn. 10), S. 12 ff.

zugehörigkeit – über allen Parteien und Parteiungen der Gemeinde steht. Nur in der dualen Rat-Bürgermeister-Verfassung unter einer Spitze ist es dem Bürgermeister auch möglich, „einem lokalen Bismarck gleich"[21] sich seine eigenen Mehrheiten zu suchen, über Parteigrenzen hinweg, wenn es denn überhaupt notwendig ist, mehrheitlich kontrovers zu entscheiden.[22] Daß der starke, verwaltungserfahrene Bürgermeister vom Bürger auch gewünscht wird, zeigen die „akklamationsähnlich hohen Stimmenanteile bei der Wiederwahl bewährter Bürgermeister".[23] Hinzu kommt sicher auch, daß Baden-Württemberg und Bayern sich nicht haben entschließen können, ja nicht einmal längere Überlegungen darauf verwandt haben, eine *Abwahlmöglichkeit während der laufenden Amtsperiode vorzusehen.*[24] Schließlich hat sich bis in die hohe Politik herumgesprochen, daß das Beste gerade gut genug für das Bürgermeisteramt sei. Hohes Ansehen ist dem Bürgermeister also allemal sicher.[25] Wenn die baden-württembergische Bürgermeister-Position von potentiellen Bewerbern und Amtsinhabern nicht mehr so attraktiv gesehen und wenn in jüngerer Zeit auch einmal „altgediente" Bürgermeister nicht wiedergewählt werden, so ist dies nicht durch das rechtliche System, sondern allenfalls durch gewandelte Lebens- und Arbeitsvorstellungen bedingt.[26]

---

21 *Wehling,* Der Bürgermeister (Fn. 9), S. 164.
22 Zur weitgehenden Einstimmigkeit der Beschlüsse *Knemeyer,* Bürgermeister und Gemeinderat, insb. Die Rolle der Parteien im Gemeinderat, Bayerische Gemeinden – Bayerischer Gemeindetag, Festschrift, München 1988, insb. S. 250 ff.
23 *Wehling,* Der Bürgermeister (Fn. 9), S. 165.
24 Siehe dazu etwa *Stober,* Kommunale Ämterverfassung, Recht und Staat, Nr. 508, 1982.
25 Theo *Waigel* zur Position der Bürgermeister in Bayern, als sich Bonner Minister zur Oberbürgermeisterwahl stellten.
26 *Roth,* Quo vadis (Fn. 3), S. 608 ff.

4. Persönlicher Bürgerkontakt des Bürgermeisters
– Problemkenntnis – Problemnähe –

Mit den Ausführungen zur Urwahl des Bürgermeisters ist ein weiterer wesentlicher Faktor angesprochen, der den Funktionsbereich des „Ortsoberhauptes" erst vervollständigt. Es geht um den *unmittelbaren Kontakt des Bürgermeisters zu „seinen"* Bürgern, den der unmittelbar gewählte Bürgermeister immer wieder suchen muß. Je weiter sich die moderne öffentliche Verwaltung ausweitet, differenziert und unpersönlicher wird, je mehr Verwaltung dem Bürger nurmehr in unleserlichen Computer-Auszügen entgegentritt, um so mehr verspürt er das Bedürfnis nach einem Helfer, Vermittler und Anwalt. Diese Rolle erfüllt namentlich in den kleineren und mittleren Gemeinden traditionell der Bürgermeister. Er wird als Ansprechpartner in allen Verwaltungsangelegenheiten, die auf den Bürger zukommen, angesehen – unabhängig davon, ob der Bürgermeister nun wirklich zuständig ist oder nicht. Der volksgewählte Bürgermeister kann und wird sich dieser Aufgabe auch in keiner Weise entziehen. In Gestalt des Bürgermeisters gewinnt die Allzuständigkeit der Gemeinde ihre umfassendste Bedeutung,[27] in ihr lassen sich alle Aktivitäten der öffentlichen Verwaltung bündeln, soweit sie in irgendeiner Weise die Gemeinde berühren.[28]

„Die Nähe zu den Problemen des Alltags; die (notwendigerweise) unkomplizierte, unorthodoxe Art zuzugreifen; die gewohnte Eigenständigkeit; die vom Bürger erwartete und honorierte Entscheidungsfreudigkeit; die Bereitschaft, allgemeine Regelungen solange zurechtzubiegen, bis sie passen – all das ermöglicht es den Lokalverwaltungen mit dem Bür-

---

27 Zur Problematik in der zweigleisigen Verfassung mit ihrem nicht selten anzutreffenden Zwang des Bürgermeisters, in die Verwaltung einzugreifen, siehe insb. die Ausführungen des früheren niedersächsischen Innenministers Josef *Stock*, in: *Ipsen* (Hrsg.), Kontinuität oder Reform – Die Gemeindeverfassung auf dem Prüfstand, Köln 1990, S. 5 ff.

germeister an der Spitze, auch in Umwälzungen und Krisen-
zeiten des Staates ziemlich reibungslos zu funktionieren."
„Öffentliche Verwaltung verliert somit in Gestalt des Bürgermeisters ihre Ferne und Abstraktheit, wird persönlich,
greifbar, ansprechbar."[29] Gemeindeverwaltung gewinnt so
die immer wieder geforderte *Bürgernähe*.

5. Funktionenfülle und Anforderungen als Garanten für eine demokratisch legitimierte effiziente Gemeindeverwaltung

Dem gezeichneten, besonders hohen Anforderungsprofil[30]
entspricht das kommunalverfassungsrechtliche *Handlungs-
instrumentarium*, das es der einzelnen Bürgermeister-Persönlichkeit erlaubt, diesen Anforderungen gerecht zu werden.
Gerade die Art der Stellung und die Fülle der Funktionen
sollte es aber auch für *besonders qualifizierte Persönlichkeiten*
besonders *reizvoll* erscheinen lassen, sich dieser Aufgabe zu
stellen.

Es war Gerhard *Banner* mit seiner besonderen Erfahrung in
der Praxis, der festgestellt hat, daß die Bürgermeister in
Bayern und Baden-Württemberg zu den qualifiziertesten
überhaupt gehören dürften. Er sieht dafür zwei Gründe:

1. sei die Position für fähige Persönlichkeiten attraktiv, während die Anziehungskraft der Position des Gemeindedi-
rektors in Nordrhein-Westfalen und Niedersachsen, wie
Stellenausschreibungen zeigen würden, zurückginge;

---

28 Auch diese Ausführungen beruhen im wesentlichen auf dem Erfah-
rungsbericht *Leclaire*, Bürgermeisteramt (Fn. 10).
29 *Wehling*, Der Bürgermeister (Fn. 9), S. 174 f.
30 Zur Relation zwischen Anforderungsprofil und Sozialprofil siehe die
interessante Untersuchung von *Wehling*, Der Bürgermeister (Fn. 9). Er
faßt in dem genannten Beitrag seine gemeinsam mit *Siewert* durchgeführte Erhebung zusammen, die auch publiziert worden ist unter
Wehling / Siewert, Der Bürgermeister in Baden-Württemberg, Stuttgart
1984.

2. hätten die Wähler offensichtlich ein gut entwickeltes Gefühl für die Qualität von Bewerbern. Daß auch Räte ein solches Gefühl besäßen, solle nicht bezweifelt werden, sie würden diesem Gefühl nur eben nicht immer folgen.[31]

III. Pro und kontra Funktionenfülle und Urwahl des Bürgermeisters – ein optimales Kommunalverfassungssystem

Wertet man die Position des Bürgermeisters im System der dualen Rat-Bürgermeister-Verfassung, so soll nicht verkannt werden, daß es auch *kritische Stimmen* gibt; freilich – dies sei sogleich ergänzt – kommen diese regelmäßig nicht aus dem Lande selbst. Nach anfänglichen Diskussionen um den Stellenwert der Urwahl des Rats- und Verwaltungschefs wie auch des bayerischen Landrats zu Beginn der 50er Jahre waren die Kritiker nach den Erfahrungen in der ersten Amtszeit völlig verstummt. Konstruktion und Handhabung im politischen Alltag hatten sich *bewährt*.

Wehling stellt sehr klar heraus, daß die altliberale Furcht vor dem demos, die bei der Beratung der Gemeindeordnungen im bayerischen, aber auch im baden-württembergischen Landtag noch deutlich artikuliert worden ist: die Furcht, die Bürger könnten sich für „Freibier-Bürgermeister" entscheiden, sich keineswegs bestätigt hat. *Wehling* belegt, daß 83,7 % der von den Bürgern gewählten Bürgermeister zuvor einen Beruf in der Verwaltung ausgeübt haben.[32] Dies ergibt sich auch aus neueren Untersuchungen; deutlich gemacht wird das Plädoyer für die Beibehaltung – namentlich der Urwahl – auch in einer Untersuchung von *Reichert* aus dem Jahre 1980.[33]

31 *Banner*, Vor- und Nachteile der Gemeindeordnungen (Fn. 4), S. 29.
32 *Wehling*, Der Bürgermeister, Rechtsstellung, Rolle und Sozialprofil, in: *Gabriel* (Hrsg.), Kommunale Demokratie zwischen Politik und Verwaltung, Beiträge zur Kommunalwissenschaft, Bd. 29, München 1989, S. 221 ff., 228.
33 *Reichert*, Beibehaltung der Unmittelbarkeit der Bürgermeisterwahl,

Gefahren „bürokratischen Übermuts" und/oder „politischer Übermacht" sind außerhalb des Systems schärfer gesehen und angesprochen worden[34] als in Baden-Württemberg und Bayern. Kritisch hat allerdings der ehemalige Stuttgarter Oberbürgermeister Hans *Klüber* in seinem „Kommunalrecht" die Machtposition des Bürgermeisters eingestuft. Sie gehe „bis an die äußerste Grenze dessen, was in einer Demokratie einem einzelnen noch eingeräumt werden kann".[35]

Gegen das süddeutsche System wurde und wird zum Teil noch heute vor allem die Kumulation der Macht in einer Person, bedingt durch die individuelle Legitimation durch das Volk in Verbindung mit der Funktionenfülle des Amtes, angeführt. Durch diese Machtfülle werde insbesondere die verfassungsgewollte *Rolle der Räte* als oberstes gemeindliches Verwaltungsorgan erschüttert und das ohnehin schon durch Informationsvorsprung und Sachverstand vorhandene Übergewicht der Verwaltung noch mehr gesteigert.[36]

Hinzu komme die *zeitliche Zementierung*, da der erneut zur Wahl antretende Bürgermeister zumeist schon aufgrund des Amtsbonus einem Herausforderer praktisch keine Chance lasse. Die hier nur angedeuteten Bedenken haben sich in der Praxis als überzogen und unhaltbar erwiesen. Eine „Entmachtung der Räte" kann keineswegs festgestellt werden. So betont der Politikwissenschaftler Hans Georg *Wehling* auch zu Recht, daß die Gemeinderäte, bedingt durch die besonders gearteten Kommunalverfassungsstrukturen, trotz oder

---

Baden-Württembergische Verwaltungspraxis 1980, 26 ff.; ebenso auch *Schönfelder*, Rat und Verwaltung im kommunalen Spannungsfeld, Schriften zur öffentlichen Verwaltung, Bd. 18, 2. Aufl., Köln 1979.

34 So z.B. durch die Niedersächsische Sachverständigenkommission 1978, Bericht S. 134.; *Banner*, Vor- und Nachteile der Gemeinden (Fn. 4), S. 26.

35 Zu Vorteilen und Gefahren der monistischen bzw. dualen Verfassung, noch heute lesenswert, *Klüber*, Das Gemeinderecht in den Ländern der Bundesrepublik Deutschland, Berlin u.a. 1972, insb. S. 121 ff., 128 ff.

36 *Schönfelder*, Rat und Verwaltung (Fn. 33), S. 160.

sogar wegen der „starken" Bürgermeister auch am ehesten ihr überkommenes Profil haben wahren können.[37] Auch amtierende Bürgermeister sind sich ihrer Wiederwahl heute nicht mehr so sicher. Der Bürger praktiziert – wenn es ihm denn erforderlich erscheint – die Abwahl – genauer gesagt: die Nichtwiederwahl. Augenfällig wurde dies besonders bei Bürgermeisterwahlen der letzten Jahre.[38]

Entgegengehalten wird den Contra-Argumenten von anderer Seite, daß die Urwahl die Demokratiebasis verbreitere und ein größeres kommunalpolitisches Engagement des einzelnen Bürgers mit sich bringe. Sie führe zu einer Stärkung des demokratischen Systems, vermeide eine Verfremdung der Kommunalwahlen durch parteiinterne Vorentscheidung[39] und binde den Bürgermeister in seiner Verantwortung bei der Wiederwahl unmittelbar an die Wählenden.[40]

Schließlich werden wesentliche *Vorteile für die Effizienz der Verwaltung* herausgestellt, auf die später noch im einzelnen einzugehen sein wird.

Andere Argumente sind nicht eindeutig in pro und kontra zu unterscheiden. So braucht es z.B. nicht zu einer unausweichlichen Rivalität zu führen, wenn der Bürgermeister einer anderen Partei angehört als derjenigen, welche die Mehrheit im Rat besitzt. Gerade die Notwendigkeit, wechselnde Mehrheiten suchen zu müssen, fördert Sachentscheidungen und – richtig verstanden – wohl auch die Demokratie.[41]

---

37 *Wehling*, Der Bürgermeister (Fn. 9), S. 165 ff.
38 Zum „Öfter mal was Neues" *Roth*, Quo vadis (Fn. 3), S. 609.
39 Hier gibt es wesentliche Unterschiede zwischen dem baden-württembergischen und dem bayerischen System; siehe den Hinweis im Text unter II.3.1.
40 *Reichert*, Unmittelbarkeit (Fn. 33), S. 26 f.; *Steiner*, Besser verfaßte Gemeinden durch Änderung des Gemeindeverfassungsrechts in Nordrhein-Westfalen?, Der Städtetag 1975, 600 ff., 603, 604; *Schönfelder*, Rat und Verwaltung (Fn. 33), S. 157 ff.
41 *Borchmann / Vesper*, Reformprobleme im Kommunalverfassungsrecht, Stuttgart 1976, S. 109.

Auch das Argument des *Ausschlusses ungeeigneter Bewerber* durch das eine oder andere System wird sich nicht durchgängig halten lassen; wenn auf der einen Seite die Gefahr der Auswahl nach parteipolitischen Gesichtspunkten besteht, so mag auf der anderen Seite die Gefahr liegen, daß die Bevölkerung nicht die Verwaltungsfähigkeiten, sondern andere Qualitäten für die Wahl ausschlaggebend sein läßt. Die Auswahl der Kandidaten kann sowohl bei direkter als auch bei indirekter Wahl gleichermaßen gut oder schlecht sein.[42]

Schon hingewiesen wurde aber auf die von *Banner* mitgeteilte Erfahrung, daß gerade auch die *Verwaltungsqualitäten der Bürgermeister* unter den „süddeutschen" Gegebenheiten die besten seien.[43] Die Wähler hätten offenbar ein gut entwikkeltes Gefühl für die Qualität von Bewerbern.[44]

Die besten Argumente pro und kontra Rechtsposition und Bedeutung des „süddeutschen" Bürgermeisteramtes bieten die vor allem in den Ländern der norddeutschen Ratsverfassung (Nordrhein-Westfalen und Niedersachsen) seit 15 Jahren geführten Diskussionen um eine Reform der Kommunalverfassung. Abgesehen von der Bewahrung des Vertrauten standen gegen eine Übernahme des süddeutschen Systems nach Nordrhein-Westfalen und Niedersachsen im wesentlichen Personal- und parteipolitische *Argumente:*

Wie kann man die doppelte Spitze – Bürgermeister und Stadtdirektor – zu Gunsten der effektiveren Bürgermeister-Spitze beseitigen, wenn dadurch Posten verlorengehen?

Wie kann man für die Urwahl plädieren, wenn dadurch der Parteieinfluß schwindet?

---

42 *Reichert*, Unmittelbarkeit (Fn. 33), S. 27; *Steiner*, Besser verfaßte Gemeinden (Fn. 40), Der Städtetag 1975, 600 ff., 603; *Schönfelder*, Rat und Verwaltung (Fn. 33), S. 160 f.

43 Zu weiteren Argumenten siehe *Knemeyer*, Keine Chance für den Herausforderer, Der Gemeinderat 1981, 81; zur Funktionseignung des Bürgermeisters für ein Verwaltungsamt *Wehling*, Politische Partizipation in der Kommunalpolitik, AfK 1989, 110 ff., 117.

44 *Banner*, Vor- und Nachteile der Gemeindeordnungen (Fn. 4), S. 29.

Kennzeichnend für diese Sicht war das mehrfache Scheitern der auch vom nordrhein-westfälischen Kabinett als richtig erkannten Reformnotwendigkeit am Widerstand der Bürgermeister- und Stadtdirektorenbasis beim SPD-Parteitag.[45] Erst Mitte der 90er Jahre hat dann die optimale Rat-Bürgermeister-Verfassung auch die Norddeutsche Ratsverfassung abgelöst.

Rechtsstellung und Bedeutung des Bürgermeisters waren lange Zeit in keiner Kommunalverfassung deutscher Länder dem Amt entsprechender ausgestaltet als in der „süddeutschen" Kommunalverfassung. Die Positionen von Rat und Bürgermeister sind verfassungsrechtlich klar bestimmt. Bürgerschaftliche Mitwirkung und verwaltungserforderliche Effizienz sind optimal gesichert. Die Attraktivität des Bürgermeisteramtes könnte verfassungsrechtlich nicht größer sein als in der dualen Rat-Bürgermeister-Verfassung: mit einer Spitze ohne Abwahl.

---

45 Zu diesen Reformdiskussionen, angefangen mit den Vorschlägen der Niedersächsischen Sachverständigenkommission (Fn. 34), *Mombaur* (Hrsg.), Neue Kommunalverfassung (Fn. 4), *von Richthofen/Bollermann* (Hrsg.), Eine neue Gemeindeverfassung (Fn. 4), *Schimanke* (Hrsg.), Stadtdirektor oder Bürgermeister (Fn. 6).
   Zur Diskussion um die sogenannte Kommunalverfassung der DDR in diesem Punkt *Knemeyer* (Hrsg.), Aufbau kommunaler Selbstverwaltung in der DDR, Kommunalrecht – Kommunalverwaltung, Bd. 4, Baden-Baden 1990.

HANS-GEORG WEHLING

Das Kandidatenangebot bei Bürgermeisterwahlen und die Zukunft der kommunalen Selbstverwaltung

1. Belastungsprofil

Ein *„Traumjob"* ist es schon, noch immer: das Amt des Bürgermeisters in Baden-Württemberg. Wie kaum irgendwo sonst – bislang zumindest weder in einem anderen Bundesland noch in anderen beruflichen Positionen – sind die Gestaltungsmöglichkeiten so groß, die Durchsetzungschancen für das als richtig Erkannte so günstig wie in Baden-Württemberg. Die Erfolge sind sichtbar: für die Allgemeinheit, aber auch für die Bürgermeister unmittelbar selbst. Daraus ziehen die Bürgermeister hierzulande ihre Motivation, ihre Kraft, ihre Gratifikationen (sowohl im Sinne von Befriedigung als auch von materiellen Belohnungen). Unserer eigenen Untersuchung nach (*Hans-Georg Wehling/H.-Jörg Siewert*: Der Bürgermeister in Baden-Württemberg) reizen die Gestaltungsmöglichkeiten 61,1 % aller Bürgermeister an ihrem Amt, dieses Motiv steht damit mit Abstand an erster Stelle.[1]

Wenn trotzdem der *Zulauf* zum Amt des Bürgermeisters in letzter Zeit *geringer* zu werden scheint – vor allem auch, was qualifizierte Bewerber angeht –, dann muß *Ursachenforschung* betrieben werden. Wenn die Ursachen bekannt und benannt sind, sollten *Konsequenzen* gezogen werden: Was ist dagegen zu tun? Die Antworten können möglicherweise nicht so leicht gegeben werden, schon gar nicht als Patentrezept. Schwierig wird es, wenn sich herausstellen sollte, daß

---

1 *Hans-Georg Wehling/H.-Jörg Siewert*, Der Bürgermeister in Baden-Württemberg, 2. Auflage 1987, S. 127.

die abnehmende Attraktivität mit grundlegenden und nur schwer beeinflußbaren Tendenzen unserer Gesellschaft zu tun hat.

Ein erster Ursachenkomplex für eine mögliche nachlassende Attraktivität liegt sicher in dem *Preis*, der für diesen Traumjob und seine Möglichkeiten bezahlt werden muß. An erster Stelle steht hier der Verlust an Freizeit und Privatheit. Zum Problem wird der Preis dann, wenn immer weniger sich bereit finden, den Preis zu zahlen. Dann ist es höchste Zeit zu fragen: Warum nicht mehr?

Vergegenwärtigen wir uns die Ergebnisse unserer eigenen Bürgermeister-Studie:

Als zeitlich stark bis sehr stark belastet fühlten sich bei unserer damaligen Umfrage insgesamt 94,1 % der befragten Bürgermeister in unserem Lande (davon 52,9 % sehr stark und 41,7 % stark). Interessant und für weitere Überlegungen wichtig ist, daß die größte Belastung von den Bürgermeistern in den Gemeinden zwischen 5.000 und 10.000 Einwohnern empfunden wurde, dort also, wo eine effektive Delegation an Mitarbeiter nur begrenzt möglich ist, allzu vieles noch selbst erledigt werden muß. Diese Gemeinden machen aber gegenwärtig 22,5 % aller Kommunen in Baden-Württemberg aus. Möglicherweise ist hier die Kandidatenlage am schlechtesten.

2. Wertewandel

Für die westlichen Industrieländer ist ein Wertewandel charakteristisch, der von seinem „Entdecker" *Ronald Inglehart* sogar als „stille Revolution" eingestuft worden ist (Entsprechend hieß die Studie „The Silent Revolution", erschienen in Princeton 1977). Nach und nach würden die „Materialisten", denen es in erster Linie um politische und ökonomische Sicherheit gehe und die dafür auch hart und diszipliniert zu arbeiten bereit seien, durch die sog. „Postmaterialisten" verdrängt, denen es um neue Werte wie Selbstverwirklichung und politische Mitsprache zu tun sei. Möglich sei dieser Wertewandel geworden, weil Sicherheit und Wohlstand in den westlichen Industrienationen in hohem Maße gegeben seien und als Selbstverständlichkeit betrachtet würden. Verständlich, daß sich ein solcher Wertewandel bei den besser (Aus-) Gebildeten und besser Verdienenden zuerst durchsetzt; er ist also nicht nur eine Generationenfrage.

Die Diagnose des Wertewandels an sich ist in der Wissenschaft inzwischen unbestritten. Doch das Konzept Ingleharts konnte – und mußte – erheblich modifiziert werden. Für Deutschland hat das vor allem *Helmut Klages* und seine Schule (Hochschule für Verwaltungswissenschaften, Speyer) geleistet. Danach gibt es keinen abrupten Werte*bruch*, sondern immer ein Sowohl-als-auch, nur mit unterschiedlichen Mischungsverhältnissen; charakteristisch sind also die „Wert*synthetiker*", die unterschiedliche Werte miteinander verbinden. Da sind einmal die „Konventionalisten", die sich durch ein hohes Maß an Pflichtgefühl, Arbeitsbereitschaft, Respekt vor Gesetz und Ordnung auszeichnen (Pflicht- und Akzeptanzwerte). Unter der älteren Generation, aber auch unter den Angehörigen einfacherer Berufe sind sie überdurchschnittlich vertreten. Den Gegentyp bezeichnet die Klages-Schule als „Idealisten", den u.a. politisches Engagement, soziale Hilfsbereitschaft, Toleranz und das Streben nach Selbstverwirklichung auszeichnen. Dazu gehören – erwartungsgemäß – vor allem Jüngere, besser Ausgebildete (nicht unbedingt besser Verdienende – Studenten, Lehrer, z.B.; die A 13er sind für diese Gruppe typisch). Die dritte Gruppe sind die „Realisten", bei denen Pflicht- und Akzeptanz- wie auch Selbstentfaltungswerte gleichermaßen hoch ausgeprägt sind. Ihr Sozialprofil weicht nicht vom Bevölkerungsdurchschitt ab, auch in dieser Beziehung sind sie die „Langweiler". Die vierte Gruppe schließlich wird von Klages als die „Resignierten" bezeichnet, in der beide Wertkategorien in gleicher Weise niedrig repräsentiert sind. Hier ist die Zahl der Frauen überdurchschnittlich hoch, ebenso der Anteil Verwitweter und Geschiedener. Ende der achtziger Jahre ist eine ganz neue Gruppe mit ihrer spezifischen Wertemischung aufgetaucht: die von der Klages-Schule so genannten *„Hedo-materialisten (HedoMat)"*. Sie haben kein anderes Ziel als einen hohen Lebensstandard und wollen nichts anderes, als das Leben in vollen Zügen genießen. Von Pflicht- und Akzeptanzwerten halten sie genau so wenig wie von politischem Engagement. Diese Gruppe hat zusammen mit den „Idealisten" das geringste Durchschnittsalter, sie gehören aber eher den unteren Einkommensschichten an, Schüler, Azubis und Arbeitslose sind hier deutlich überrepräsentiert. Von der prozentualen Größenordnung her sind die verschiedenen Werttypen in der Bundesrepublik (alt) gegenwärtig folgendermaßen vertreten:

Konventionalisten:	22,8 %
Idealisten:	20,1 %
Realisten:	32,1 %
Resignierte:	11,9 %
HedoMat:	3,1 %

(Quelle: Willi Herbert, Wandel und Konstanz von Wertstrukturen, Speyer 1991, S. 39.)

Welche Konsequenzen ergeben sich daraus für das Amt des Bürgermeisters, für die Wahrnehmung des Amtes und vor allem für die Rekrutierung fähigen Personals?

Nach allem, was man weiß und vermuten kann, dürften sich die heute amtierenden Bürgermeister von ihren Wertvorstellungen her vorwiegend als Konventionalisten und Realisten verstehen. Mit den Wertvorstellungen von Resignierten und erst recht von HedoMats (einmal abgesehen davon, daß es sie erst seit jüngstem gibt) kann man ein solches Amt nicht ausüben. Von der Altersstruktur her gesehen befinden sich die Konventionalisten auf dem Aussterbeetat. Als in Frage kommendes *Rekrutierungsfeld für künftige Bürgermeister* stehen Realisten (nach wie vor) und Idealisten zur Verfügung. Die Idealisten dürften dabei – wenn man auf Ausbildung und Alter schaut – an Bedeutung für das Bürgermeisteramt zunehmen. Stärker als die Realisten legen die Idealisten Wert auf Selbstentfaltung und auf politisches Engagement (was beispielsweise die aktive Beteiligung an Bürgerinitiativen einschließt). Das alles könnte bedeuten, daß sie als Bürgermeister nicht so rückhaltlos bereit wären, ihr gesamtes Leben dem Amt unterzuordnen, auf Freizeit und Famile, Eigenleben und Privatheit zu verzichten. Ja weitergehend noch: daß sie nicht einmal bereit wären, sich für dieses Amt überhaupt zu bewerben, wenn sie wissen, was ihnen da an Opfern abverlangt wird. Auch mit besserer Bezahlung wird man sie nicht locken können, weil sie – vor die Wahl gestellt – lieber mit weniger auskommen, wenn ihnen ein Mehr an Selbstverwirklichung bleibt.

3. Die „Bildungsrevolution"

Das Amt des Bürgermeisters war bislang eine typische *Aufsteigerposition*. Gerade für die Söhne kleiner Beamter und Angestellter (einschließlich technischer Bereich), von Handwerkern und Bauern, die überdurchschittliche Schulleistungen aufzuweisen hatten, leistungsbereit und aufstiegsorientiert waren, bot das Amt des Bürgermeisters die Chance, bis an die Spitze vorzurücken, sowohl nach Ansehen als auch nach Einkommen. Das Vehikel dazu war die Fach(hoch)schule für öffentliche Verwaltung mit anschließender Tätigkeit im gehobenen Dienst. An einer Universität zu studieren, wäre ihnen nicht nur finanziell kaum möglich gewesen, sondern galt auch als Griff nach den Sternen. In unserer empirischen Untersuchung über den Bürgermeister in Baden-Württemberg haben wir 1984 dazu festgestellt:

„Der soziale Aufstieg von den Vätern zu den Söhnen wird vorzugsweise über die Fachschule bzw. Fachhochschule vollzogen, also über die Bildungseinrichtung mit einer relativ geringen sozialen Distanz zum Elternhaus bzw. zum Beruf des Vaters. Die Wahl zum Bürgermeister erlaubt somit sozialen Aufstieg ohne Entfremdung vom Elternhaus und zum sozialen Herkunftsmilieu."[2]

Natürlich spielt(e) auch eine Rolle, daß die Verwaltungsausbildung einschließlich Fach(hoch)schulbesuch bezahlt wird, mittels Ausbildungsbeihilfe. Man konnte sie sich also eher leisten als den Universitätsbesuch.

Dieses Aufstiegsmuster entsprach jedoch auch dem Gesellschaftsbild des Beamten und Angestellten, wonach die Gesellschaft – analog zum Öffentlichen Dienst – hierarchisch, stufenförmig, aufgebaut ist, im Gegensatz zum Gesellschaftsbild des Arbeiters, das nur das strikt voneinander getrennte und nicht überwindbare Oben und Unten kennt. Aufstieg vollzieht sich für das Beamten- und Angestelltenkind von Stufe zu Stufe, ein Überspringenwollen ist unangemessen und vermessen, letztlich auch gefährlich. Der erfolgreiche Griff nach dem Bürgermeisteramt mehrt das Ansehen gewaltig, erhöht den Verantwortungsbereich und das Einkommen noch dazu – ohne daß aber die Kathegorie, innerhalb derer man sich bewegt, verlassen würde. Das gilt zumindest für das Bürgermeisteramt in den vielen kleineren und mittleren Gemeinden (die wenigen großen Städte werden den Akademikern überlassen). Gerade die geistig besonders *mobilen und selbständigen Existenzen* unter den Fachhochschulabsolventen warteten nur darauf, bei nächster Gelegenheit sich um das Amt eines Bürgermeisters zu bewerben. Und unsere Gemeinden – wie die kommunale Selbstverwaltung selbst – sind damit ausgesprochen gut gefahren.

Die Bildungsreform in Deutschland, die ab Mitte der sechziger Jahre mit großem Erfolg in die Wege geleitet worden ist, hat dazu geführt, daß die Übergangsquote auf die weiterführenden Schulen und von da auf die Universitäten gewaltig angestiegen ist. Verkürzt formuliert bedeutet das, daß diejenigen Beamten- und Angestelltenkinder, die sich früher mit der Fachschule für öffentliche Verwaltung zufriedengegeben hätten, nunmehr die juristische Fakultät der Universi-

---

2 Ebd. S. 68.

tät besuchen. Daran hat auch nicht viel geändert, daß die Fachschulen zu Fachhochschulen aufgewertet worden sind. Die Einkommensdifferenz vom Oberregierungsrat zum Bürgermeister – zumal in den vielen kleineren und mittleren Gemeinden – ist dann nicht mehr so erheblich, vor allem, wenn auch die Partnerin einer qualifizierten und gut bezahlten Berufstätigkeit nachgeht.

In dem Maße, wie die Männer die Ausbildungsplätze an den Fachhochschulen freigegeben haben, sind *Frauen* nachgerückt, so daß sie unter den Studierenden an den Fachhochschulen für öffentliche Verwaltung in Baden-Württemberg inzwischen schon rund zwei Drittel ausmachen! Ein Beleg dafür, daß der Aufstiegswunsch von Frauen immer noch auf Hemmungen wie Hemmnisse trifft. Frauen aber haben bis heute noch wenig Chancen, zum Bürgermeister gewählt zu werden. Seit Ende 1990 sind bislang lediglich neun Frauen in das Amt des Ober-/ Bürgermeisters gewählt worden: und zwar in Heidelberg (Beate Weber), Löwenstein/LKr Heilbronn (Birgit Kriegel), Gemmrigheim/LKr Ludwigsburg (Monika Tummescheit), Stühlingen/LKr Waldshut (Isolde Schäfer), Wannweil/LKr Reutlingen (Anette Rösch), Kenzingen/LKr. Emmendingen (Edeltraut Bart), Lörrach (Gudrun Heute-Bluhm), Burgstetten/Rems-Murr-Kreis (Irmtraud Wiedersatz) und Lichtenwald/LKr Esslingen (Lucia-Maria Herrmann) – bei insgesamt 1110 Gemeinden in Baden-Württemberg. Die Schuld daran, daß es bislang so wenige Frauen geschafft haben, trifft die Wähler genauso wie die Wählerinnen, die sich offenbar noch immer den Bürgermeister nur als Mann vorstellen können. Teilweise wollen aber geeignete Frauen gar nicht Bürgermeister werden, einmal weil sie die zu erwartenden heftigen Rollenkonflikte scheuen (Ansprüche von Partner und Kindern), zum andern weil in ihren Augen Kommunalpolitik immer noch zu männlich geprägt erscheint. Gerade auch der Zeitaufwand des Amtes, die Verfügungsbereitschaft rund um die Uhr wirken besonders auf Frauen abschreckend.

Schaut man zurück, in die jüngste Geschichte, dann zeigt sich, daß Frauen stets wie selbstverständlich in Positionen eingerückt sind, wenn Männer dafür nicht zur Verfügung standen. Das hat sich sehr ausgeprägt im letzten Krieg und in der Nachkriegszeit gezeigt, als die Männer gefallen oder noch in Kriegsgefangenschaft waren. Selbst die Nationalsozialisten mit ihrer ausgeprägt emanzipationsfeindlichen Ideologie griffen gerne auf Frauen zurück, um die Wirtschafts- und Lebensabläufe in der Heimat aufrechterhalten zu können. Und die Frauen versagten sich nicht, erbrachten geradezu heroische Leistungen angesichts einer Dreifachbelastung: denn zu Beruf, Haushalt/Kinder kamen noch die vielfältigen Belastungen durch die Bombenangriffe. In der unmittelbaren Nachkriegszeit bedeutete es eine ausgesprochen aufwendige Tätigkeit, zum „Ernährer" der Familie geworden zu sein; selten ist diese Funktion so wörtlich und elementar zu verstehen gewesen. – Auch beim Tod des Ehemanns und Vaters sind Frauen immer wie selbstverständlich in deren Position getreten, auch wenn es darum ging, ein Unternehmen zu leiten. – Heute können wir in kleinen Gemeinden beobachten, daß Frauen die Positionen des Ortschaftsrates, ja auch des Ortsvorstehers besetzen, wenn Männer nicht mehr in ausreichender Zahl zur Verfügung stehen. Ähnlich ist es im Vereinsleben. *Herbert Schwedt* hat aus Rheinland-Pfalz berichten können, daß manche Landstriche längst weitgehend verödet wären, wenn Frauen nicht die kulturelle Infrastruktur am Leben erhalten hätten.

Kann man daraus schließen, daß Frauen dann die Positionen von Bürgermeistern hierzulande übernehmen würden, wenn man nicht mehr in ausreichender Zahl qualifizierte männliche Bewerber fände? Ein interessantes historisches Beispiel gibt es ja aus unserem Land, genauer aus Baden: Als man im 19. Jahrhundert nicht mehr genug qualifizierte Bewerber für das (nebenamtliche) Amt des Ratsschreibers in kleinen Gemeinden fand, durften es auch Frauen ausüben, obwohl sie damals weder aktiv noch passsiv wahlberechtigt waren. – Nicht auszuschließen ist allerdings, daß Frauen

heute in einem Maße selbstbewußt sind, daß sie sich weigern, den Notstopfen zu spielen. Auf alle Fälle aber wird
man davon ausgehen können, daß sich das Anforderungs-
(und damit auch das Belastungs-)profil dann wird ändern
müssen.

4. Die Emanzipation der Frau

Viel abverlangt wird den *Frauen der Bürgermeister*, die selbst
in erster Linie mit ihrem Amt verheiratet sind. Dem hatten
sich bislang die Ehefrauen der Bürgermeister unterzuordnen, ja sich selbst ganz in den Lebensablauf des Mannes ein-
zufügen (z.B. Einordnung in die Repräsentationsaufgaben).
Doch immer mehr Bürgermeister-Frauen, zumal wenn sie
selbst über eine qualifizierte Berufsausbildung verfügen,
sind nicht mehr bereit, sich auf den Status einer „Gattin" reduzieren zu lassen, der sie zum bloßen Anhängsel vom
Mann und dessen Beruf macht. Sie rebellieren. Das Problem
geht bereits unmittelbar nach der Wahl los, wenn der Umzug
in den neuen Amtsort ansteht, die Frau aber im bisherigen
Wohnort weiter ihrem Beruf nachgehen möchte (Beispiel:
der frühere OB von Schramberg, dessen Frau Zahnärztin ist).

5. Erschwerung kommunaler Entscheidungsprozesse

Der Reiz des Bürgermeister-Amtes liegt in seinen Gestaltungsmöglichkeiten. Der Wunsch, etwas Vorzeigbares zu hin-
terlassen – den eigenen Kindern oder der Allgemeinheit –,
stellt in unserer Gesellschaft einen der wichtigsten Hand-
lungsantriebe dar. Auf die offene Frage (d.h. ohne vorgegebe-
ne Antwortmöglichkeiten):

„Was reizt Sie besonders an Ihrem Amt als Bürgermeister/
Oberbürgermeister?"

antworteten seinerzeit 61,1 % in unserer Umfrage mit „Gestaltungsmöglichkeiten". Weit abgeschlagen notierten dem-

gegenüber „Verdienst" (6,8 %), „Einfluß" (6,1 %), „Ansehen" (5,5 %).[3]

Die Gestaltungsmöglichkeiten des Bürgermeisteramtes
werden beeinträchtigt durch zunehmende *Verrechtlichung*
und Blockademöglichkeiten einzelner Interessierter und
Gruppen (wobei man das eine für das andere nutzen kann).
Vor allem auch die Wege von der Planung bis zur Realisierung von Vorhaben werden nicht nur steiniger und be-
schwerlicher, sondern auch immer länger. Das wirkt entmu-
tigend, und die Bürgermeister verlieren die Lust am Amt. Bei
den hohen Opfern an Freizeit und Privatheit lebt das Amt
aber gerade davon, daß es attraktiv ist. Sonst lassen sich keine qualifizierten Bewerber mehr gewinnen.

6. Die Bedeutung des Bürgermeisteramtes
für die kommunale Selbstverwaltung
und das politische System der Bundesrepublik

Wenn wir *resümieren*, läßt sich nicht übersehen, daß das Amt
des Bürgermeister an Attraktivität verliert. Die Bewerberlage könnte vor allem in Zukunft sich immer mehr ausdünnen.
Die Gründe dafür habe ich zu analysieren versucht. *Wie* gravierend, ja gefährlich eine solche Entwicklung ist, ist abhängig vom Stellenwert des Bürgermeisteramtes für die
kommunale Selbstverwaltung und darüber hinaus für das
politische System der Bundesrepublik überhaupt.

Die Bewertung des Bürgermeisteramtes für die kommunale Selbstverwaltung hängt davon ab, welches *Leitbild* man
von der kommunalen Selbstverwaltung und der Rollenverteilung in ihr hat. Die Argumentation muß hier notgedrun-
gen normativ sein und damit letztlich auch strittig bleiben:

– Zwei Prinzipien muß Kommunalpolitik genügen: dem
   von *Demokratie und* von *Effizienz*. Demokratie allein reicht
   nicht aus, es muß im demokratischen Willensbildungs-

---

3 Ebd. S. 127.

prozeß am Ende auch etwas herauskommen, im Sinne einer guten, effizienten Problemlösung, andernfalls gefährdet sich Demokratie selbst. Effizientes Handeln bedarf aber der demokratischen Anbindung: Für eine Demokratie gilt, daß über die Betroffenen hinweg keine Entscheidungen fallen dürfen. Zweifellos aber können Demokratie und Effizienz in einem Spannungsverhältnis zueinander stehen; zudem kann es ein Mehr oder Weniger an Demokratie oder Effizienz geben.

– Klar müssen die *Verantwortlichkeiten* geregelt sein, sie müssen für jedermann ohne allzu große Mühe erkennbar sein. Denn nur so läßt sich politisch urteilen, was auch heißt: belohnen oder bestrafen (etwa durch Wiederwahl oder Abwahl). Es muß also das *Prinzip der Kongruenz von Kompetenz und Verantwortlichkeit* gelten; d.h. wer tatsächlich das Sagen hat, muß auch als solcher auszumachen sein, um verantwortlich gemacht werden zu können. Nur so können Filz, Mauschelei und Klüngelei vermieden werden, die im Dunkel undurchsichtiger (Macht-)Verhältnisse gedeihen. Mustergültig ist das genannte Prinzip in der Gemeindeordnung von Baden Württemberg realisiert, die den Bürgermeister mit entsprechenden Kompetenzen ausstattet, seine Verantwortlichkeit klar erkennbar macht und die Bürger dazu aufruft, periodisch über seine Tätigkeit zu befinden, durch unmittelbare Volkswahl. Das Institut von Bürgerbegehren und Bürgerentscheid gibt den Bürgern darüber hinaus die Möglichkeit, Bürgermeister (und Rat) auch zwischen den Wahlterminen zurückzupfeifen, wenn sich der Entscheidungsprozeß allzu sehr von der Bürgermeinung entfernt. Diese Regelungen der Gemeindeordnung von Baden-Württemberg wirken prohibitiv (d.h. ihre Wirkung läßt sich nicht allein daran ablesen, wie oft davon tatsächlich Gebrauch gemacht wird): Bürgermeister und Rat sind gezwungen, das Ohr dicht am Puls des Volkes zu halten, und ein Bürgermeister, der nicht bürgernah ist, setzt seine Wiederwahl aufs Spiel.

– Eine der knappsten Ressourcen ist die *Zeit*. Entsprechend pfleglich muß mit dieser individuell nicht erneuerbaren Ressource umgegangen werden. Auch von daher liegt es nahe, Entscheidungsbefugnisse in der Hand des Bürgermeisters zu konzentrieren, zur Entlastung aller anderen Beteiligten, nicht zuletzt der Bürger, die ihre Zeit vielleicht auch anders nutzen möchten als durch fortwährende Mitbeteiligung an kommunalen Entscheidungsprozessen. Vorstellbar ist von daher durchaus das Bild vom Bürgermeister als einer Art *„City-Manager"*, dem ein Großteil der kommunalen Aufgaben zur Erledigung übertragen ist. Allerdings dürfen solche Übertragungen nicht irreversibel sein. Sie müssen entzogen werden können, zumindest müssen die beauftragten Personen sich in regelmäßigen Abständen erneut zur Disposition stellen – was in der Gemeindeordnung ja auch so gegeben ist.

– Demokratie und *Vordenkertum* schließen sich nicht aus, *dürfen* sich nicht ausschließen. Die Qualität eines Bürgermeisters zeigt sich nicht zuletzt darin, in welchem Ausmaß er in der Lage ist, langfristige Konzeptionen für seine Gemeinde zu entwickeln. Wichtiger als Geld ist dabei Einfallsreichtum. Selbstverständlich müssen für solche Konzeptionen die Bürger auch gewonnen werden. Ein guter Bürgermeister entwickelt Visionen und erwirbt sich dafür die Unterstützung der Bürger.

Man kann sich fragen, ob die Realisierung eines solchen Leitbildes letztlich nicht – im Sinne eines Nullsummenspiels – zu Lasten des *Gemeinderates* geht. Für Baden-Württemberg, wo dieses Leitbild weitgehend Realität ist, wird das ja festgestellt und – je nach Standort und Interessenlage – auch bemängelt. Allerdings bin ich der Meinung, daß eine weitere Straffung der Gemeinderatsarbeit durchaus gut täte. Dann würde man vielleicht auch mehr qualifizierte Bewerber für ein Gemeinderatsmandat gewinnen. Der Schwerpunkt der Gemeinderatstätigkeit sollte sich in Richtung *Kontrolle* verlagern. Sicherlich stößt der eine oder andere Bürgermeister den Gemeinderat unter Ausspielung aller seiner Möglichkeiten unnötig vor den Kopf. Auf der anderen Seite gibt es aber durchaus auch den kleinkarierten Gemeinderat voller „Wadenbeißer", der einem guten Bürgermeister das Leben unnötig schwer macht. Auch solche Realitäten können für eine qualifizierte Personalauswahl abschreckend wirken. Viel zu oft dominieren im Rat auch lokale Interessenklüngel, so daß der Bürgermeister als *Sachwalter des Gemeinwohls* auftreten kann, ja muß. Gerade wenn er direkt gewählt wird, erwarten die Bürger eine solche Rolle von ihm, können sie auch erzwingen.

Kommunale Selbstverwaltung hat – *fassen wir zusammen* – nur dann eine Zukunft, wenn sie in der Lage ist, die Probleme, die vor Ort sichtbar werden, beherzt anzupacken und schnell zu lösen, unbürokratisch, ohne Verweis auf andere Zuständige. Kommunale Selbstverwaltung hat weiter eine Chance, wenn sie effektiv (d.h. zielgenau) und effizient (d.h. mit wenig Aufwand den größmöglichen Effekt erzielend) ist, mit Phantasie und kluger Voraussicht handelt, mit Distanz gegenüber allzu engen Interessen, als Sachwalterin des Gemeinwohls – bei gleichzeitig einem hohen Maß an demokratischer Rückbindung an die Bürger.- Die Verantwortlichkeiten müssen klar und für den Bürger einsehbar (in des Wortes doppelter Bedeutung) sein. Und der Bürger muß in der Lage sein, den Verantwortlichen zu belohnen oder zu bestrafen, ihm das Mandat zu entziehen oder aber erneut künftige Problemlösungen anzuvertrauen.

Eine wichtige Funktion übt der Bürgermeister nicht nur im Rahmen der kommunalen Selbstverwaltung aus. Eine gut funktionierende kommunale Selbstverwaltung trägt ihrerseits wesentlich dazu bei, die Problemlösungsfähigkeit und damit ganz wesentlich die Akzeptanz des *politischen Systems insgesamt* zu erhöhen. Dem Bürgermeister kommt dabei die Schlüsselrolle zu.

Kommunalpolitik in der Bundesrepublik wird nicht erst dann tätig, wenn ihr Aufgaben ausdrücklich zur Erledigung übertragen werden. Die Gemeinde ist vielmehr *originär zu-*

ständig für grundsätzlich alle Probleme und Aufgaben, die auf der lokalen Ebene sich ergeben. Diese Allzuständigkeit macht den Bürgermeister zum *Territorialherren* in seiner Gemeinde. Für ihre Tätigkeit besitzt die Gemeinde auch ein Findungsrecht. Somit hängt es sehr wesentlich von der Sensibilität und vom Problembewußtsein einer Kommunalverwaltung, verkörpert in der Person des Bürgermeisters, ab, wann und wie die Gemeinde tätig werden will. Sie ist *das letzte Netz*, das hält, wenn alles andere versagt. Die Kommunalverwaltung muß auch dann zugreifen – und tut das immer auch ganz selbstverständlich –, wenn die höheren Ebenen nicht handeln oder nicht handeln können bzw. vorübergehend nicht existent sind. Was das bedeuten kann – und faktisch auch bedeutet hat –, ist in der Zeit des Zusammenbruchs 1945 sichtbar geworden. Diese Zeit war die erfolgreiche Bewährungsprobe der kommunalen Selbstverwaltung, in der das Überleben der Menschen durch tatkräftige Kommunalverwaltungen gesichert worden ist; zugleich war es die „Heroenzeit" der Bürgermeister. Eine Vielzahl von Namen könnte hier genannt werden. – Umgekehrt machen die Schwierigkeiten beim Wiederaufbau in den *neuen Bundesländern* deutlich, was es bedeutet, wenn nach vierzig Jahren DDR keine funktionierende Kommunalverwaltung mehr vorhanden ist.

Verwaltung wird in einer verwalteten Welt notwendigerweise immer abstrakter, für den Bürger immer weniger greifbar. Zugleich drohen Entscheidungen, da sie auf eine Vielzahl konkreter Fälle passen sollen, immer weniger dem Einzelfall gerecht zu werden. Hier ist es Aufgabe der Kommunalverwaltung, pragmatisch-unbürokratisch, dem Einzelfall angemessen zu handeln, *abstrakte Normen und Entscheidungsvorgaben so lange zurechtzubiegen, bis sie passen.* Dazu bedarf es der Problemkenntnis vor Ort, der Bereitschaft, unkompliziert, mit gesundem Menschenverstand, tatkräftig und bürgernah zu handeln, das Problem aus seiner Abstraktheit zu lösen. Das vermag am besten der volksgewählte Bürgermeister, von dem ein solches Verhalten erwartet und der deswegen (wieder)gewählt wird. In seiner Person *verliert Verwaltung ihre Ferne und Abstraktheit*, wird persönlich, greifbar, ansprechbar. Zudem erscheinen in seiner Person die fachlich zersplitterten Verwaltungsbereiche noch einmal *gebündelt*. Dem Verdruß an der Verwaltung wird somit erfolgreich entgegengewirkt, was dem politischen System insgesamt sehr zugute kommt. Allgemeine Staats- und Politikverdrossenheit kann so in Grenzen gehalten werden.

Dieser positive Effekt wird noch dadurch verstärkt, daß der Bürgermeister nicht nur dann angegangen wird, wenn er tatsächlich zuständig ist. Für die Bürger ist er schlicht *der Ansprechpartner in allen Fragen von Verwaltung und Politik*, ja oft noch darüber hinaus. Zumindest wenn er volksgewählt ist, muß er dann auch weiterhelfen, wenn er nicht zuständig ist; abweisen gilt nicht. Er kann dabei geradezu zum *lokalen Ombudsmann* werden. Höheren Orts, in Verwaltungen, Parlamenten und Parteien, erfährt man über den Einzelfall hinaus nicht zuletzt auf diesem Wege, wo Probleme liegen, wo Handlungsbedarf ist und wie dringend man eine Lösung in Angriff nehmen muß. Ein bißchen sind somit die Bürgermeister auch die *Nerven des politischen Systems*. – Von ihrer *historischen* Herkunft her waren Bürgermeister in einundderselben Person Vertrauensleute der Herrschaft in der Gemeinde und Interessenvertreter der Gemeinde gegenüber der Herrschaft. Auch unter demokratischem Vorzeichen hat sich an dieser Zwischenstellung nicht allzu viel geändert. Dem Amt des Bürgermeisters kommt ganz wesentlich eine *Scharnierfunktion* zwischen den verschiedenen Ebenen des politischen Systems zu.

Das alles macht es so wichtig, ein Augenmerk darauf zu haben, daß das Amt des Bürgermeisters auch personell optimal besetzt wird. Dafür gilt es, die notwendigen Voraussetzungen zu schaffen bzw. zu erhalten!

7. Ansatzpunkte für eine Reform

Unser *Resümee*: Die zeitliche (und zweifellos auch nervliche) Belastung des Bürgermeisters ist außerordentlich hoch. Das wirkt um so abschreckender auf qualifizierte Bewerber, je stärker sich bei ihnen Selbstverwirklichungswerte auf Kosten von Pflichtwerten durchgesetzt haben, der Verzicht auf Familie, Freizeit, Eigenleben und Privatheit zunehmend schwerer fällt. Die umfassende Bildungsreform hat das bisherige Hauptrekrutierungsreservoir, die Fachhochschulen für öffentliche Verwaltung, stark beeinträchtigt. Die Frauen, die auf die freigegebenen Plätze nachgerückt sind, haben zur Zeit im Vergleich zu männlichen Bewerbern immer noch weniger Chancen, gewählt zu werden, ja werden vor allem auch durch Rollenbeengungen von einer Kandidatur abgehalten. Für die Absolventen juristischer Fakultäten sind Positionen im Staatsdienst u. U. attraktiver, zumal wenn die eigene Frau gut verdient. – Frauen heute wollen nicht länger das Anhängsel ihres Bürgermeister-Mannes spielen, vor allem wenn sie selbst einen qualifizierten Beruf ausüben. Abschreckend wirken auf künftige Bewerber sicherlich auch die länger und steiniger gewordenen Entscheidungsprozesse.

Alle diese Erschwernisse in Hinblick auf die künftige Bewerberlage sind sehr *unterschiedlich zu bewerten*, zum Teil sind sie *nicht revidierbar*, bei einigen – wie der zunehmenden Selbständigkeit der Frau und den höheren Bildungschancen – kann das auch gar *nicht erwünscht* sein. Welche *Schlußfolgerungen* sind daraus zu ziehen, wo läßt sich ansetzen, wenn man einer möglichen Verschlechterung der Bewerberlage entgegenwirken will?

Zunächst aber muß in aller Deutlichkeit auf das Pfund verwiesen werden, mit dem sich in Baden-Württemberg nach wie vor wuchern läßt: die starke Position des Bürgermeisters nach der baden-württembergischen Gemeindeordnung, die das Amt hierzulande besonders attraktiv für qualifizierte, starke, selbständige, gestaltungswillige und einfallsreiche Bewerber macht, die nicht so sehr bloß verwalten, sondern primär etwas gestalten wollen. Wenn man die Attraktivität des Amtes erhalten will, gilt es, diese Position energisch zu verteidigen – im Interesse der Qualität und des Ansehens der kommunalen Selbstverwaltung und letztlich auch unseres Staates. Ermutigend wirkt hier, daß sich in diesem Jahrzehnt nahezu alle Flächenstaaten der Bundesrepublik Deutschland zu einer umfassenden Reform ihrer kommunalen Verfassungssysteme durchgerungen haben, und zwar orientiert am baden-württembergischen Vorbild. Das baden-württembergische Modell hat sich hier also als Exportschlager erwiesen, was es ein Stück weit wenigstens unangreifbarer macht.

Die *Entscheidungsspielräume* müssen *offen gehalten* werden. Das gilt nicht zuletzt auch für die zeitliche Dimension. Es muß alles getan werden, damit demokratisch getroffene Entscheidungen zügig realisiert werden können. Über neue Formen von Bürgerbeteiligung muß nachgedacht werden, die es erleichtern, daß Unterlegene und in ihren Interessen negativ Tangierte sich leichter mit der Entscheidung abfinden.

Auf den ersten Blick scheinen auch die Gestaltungsmöglichkeiten inhaltlich eingeschränkt zu sein, weil in vielen Gemeinden Baden-Württembergs längst „alles da" zu sein scheint: ein bis dato unerhörtes Maß an qualitätsvoller Infrastruktur, vom Fußgängerbereich bis zum Hallenbad, von den Kinderspielplätzen zur modernen Einsegnungshalle; beachtenswerte Leistungen im Bereich der Stadt- und Dorfsanierung kommen hinzu. Die Lasten, die die Wiedervereinigung Deutschlands bringt, scheinen es zudem für die nächste Jahre unmöglich zu machen, hier weiter in nennenswertem Umfang zu investieren. Die Möglichkeiten, sich im baulichen Bereich gestaltend hervorzutun, sind vielleicht gering.

Doch vielleicht sollte man von der Vorstellung Abschied nehmen, daß Gestalten = Bauen ist. Es gäbe auch sonst noch viel zu gestalten in unseren Gemeinden. So könnte man sich im *Umweltbereich* einiges einfallen lassen, das gar nicht viel kosten würde. Nicht zuletzt bliebe einiges zu tun für das *mit-*

menschliche Zusammenleben. Das gilt nicht nur in Hinblick auf Ausländer und Aussiedler, auch das Zusammenleben von Einheimischen und *Zugezogenen* verläuft ja nicht unproblematisch, zumal wenn die Neubürger sich nur als versprengte Städter in unseren Dörfern fühlen, denen es nur um das billige Grundstück im Grünen geht; ansonsten reicht es für sie, wenn Müllabfuhr und Straßenreinigung funktionieren. Für unsere Dörfer ist das übrigens ein ganz neues Phänomen, daß hier Menschen zuziehen, die sich nicht für den neuen Wohnort interesssieren; historisch hat es das noch niemals gegeben. Angesichts der Mobilität unserer Gesellschaft gewinnt das Problem weiter an Bedeutung. – Auch das Zusammenleben von *Jung und Alt* stellt eine Herausforderung für die Kommunalpolitik dar, ein Problem, das an Bedeutung zunehmen wird, wenn man sich die Altersentwicklung in der Bundesrepublik vor Augen führt. In Zukunft wird es darauf ankommen, unsere Gesellschaft *„altersgerecht"* umzubauen. Hier können die Gemeinden mit viel Phantasie Schrittmacherdienste leisten. Mit Seniorentreffpunkten und Altennachmittagen wird es künftig nicht allein getan sein. Nicht zuletzt kommt es darauf an, die Fähigkeiten der aus dem Berufsleben Ausgeschiedenen produktiv zu nutzen, im Sinne der Aufgaben der Gemeinde. – Man sieht: An Gestaltungsaufgaben wird es künftigen Bürgermeistern nicht mangeln.

Damit kann das Amt des Bürgermeisters auch in Zukunft eine erhebliche Anziehungskraft aufweisen. Nur vermute ich, daß die Bürgermeister für die angedeuteten neuen Aufgaben nicht ausgebildet sind, nicht auf den Fachhochschulen, erst recht nicht auf den Universitäten. Am ehesten sind hier die Fachhochschulen gefordert, deren Vorteile doch gerade in der *praxisnahen Ausbildung* bestehen. „Praxisnah" muß aber mehr heißen als nur: mit Verwaltungsvorschriften hantieren lernen. Die Fachhochschulen für öffentliche Verwaltung müssen in Konkurrenz zu den Universitäten von ihrem Angebot her für die Abiturienten viel attraktiver werden, um den in Kapitel 3 aufgezeigten Trends entgegenwirken zu können. Wenn die Ausbildung an ihnen kürzer und praxisnäher

ist, gleichzeitig die Aufstiegschancen in den Bürgermeister-
beruf gegeben sind, der zudem dann noch im Vergleich zu
ausgesprochenen Akademikerberufen außerordentlich gut
bezahlt ist (und das auch in vergleichsweisen kleinen Gemeinden), wird die Attraktivität gewährleistet sein.

Schließlich müssen sich die Bürger wohl auch an ein *anderes Verständnis der Rolle des Bürgermeisters* gewöhnen (bzw.
gewöhnt werden), der in Zukunft vielleicht nicht auf jedem
Fest mehr präsent ist, auch an den Generalversammlungen
der örtlichen Vereine nicht mehr jedesmal teilnimmt. Dazu
gehört selbstverständlich auch, daß der Bürgermeister sich
verstärkt zugunsten seiner Mitarbeiter zurücknimmt – was
allerdings auch den Bürgern und Bürgerinnen verständlich
gemacht werden muß.

Geld ist hier sicher kein Allheilmitel, doch wird man pein-
lich genau darauf achten müssen, daß gerade auch bei den
Bürgermeistern der kleinen und mittleren Gemeinden persönlich die Kasse stimmt. Frust läßt sich in gewissem Umfang sicherlich auch *versilbern*. Insgesamt gesehen ist die *Besoldung* von Bürgermeistern in Baden-Württemberg jedoch
nicht schlecht, gerade auch wenn man ihr Einkommen mit
entsprechenden Positionen der Staatsverwaltung vergleicht.
Das betrifft auch die Absicherung bei vorzeitigem Ausscheiden aus dem Amt.[4] Zu beachten bleibt jedoch, daß ihre zeitliche Belastung außergewöhnlich ist (s. o.). Gerade in kleineren Gemeinden kann sich eventuell dann doch die Schere
zwischen Belastung und Belohnung allzu sehr öffnen. Zumindest sollte über das Problem weiter nachgedacht werden.

Mit dem Einsatz von Geld ließe sich unter Umständen
auch das Kandidatenangebot bei Bürgermeisterwahlen verbessern. Gerade in größeren Gemeinden werden Kandidaten nicht zuletzt durch den zu erbringenden Wahlkampfko-
stenaufwand abgeschreckt. Nur der Gewinner wird ja „ent-
schädigt", indem er durch vergleichsweise gute Einkünfte

---

4 Ebd. S. 42 ff.

seine Schulden relativ schnell begleichen kann. Parteien, Interessensgruppen und finanziell potente Einzelpersonen in beträchtlichem Umfang um Unterstützung anzugehen, bringt allzu viel Abhängigkeit mit sich, die im Interesse einer – gerade auch vom Bürger erwünschten – unabhängigen Amtsführung nicht bezweckt sein kann. Wir können gegenwärtig schon beobachten, wie sich lokale Parteien sowie parteinahe Gruppen und Persönlichkeiten – als selbsternannte „Bürgerkomitees" oder mit so ähnlichen Namen konstituiert – die Kandidatenauswahl bei anstehenden Bürgermeisterwahlen unter den Nagel zu reißen versuchen, sehr zum Mißfallen der Bürger, die sehr wohl um ihre Rechte wissen und nach der Legitimation der Vorentscheider fragen (man schaue hier nur einmal in die Leserbriefspalten der Zeitungen!). Das gilt namentlich in den größeren Gemeinden, in denen der Wahlkampf doch einiges kostet. Naturgemäß läßt sich nicht abschätzen, wieviele hochqualifizierte Interessenten für das Amt eines Bürgermeisters sich durch die zu erwartenden Kosten bislang schon haben abschrecken lassen. Jedenfalls möchte ich vorschlagen, einen Teil der *Wahlkampfkosten zu erstatten*, und zwar in bescheidenem Umfang, etwa indem die Gemeinde ab einer Größe von 10.000 Einwohnern ein Plakat und ein Werbeprospekt als Beilage für die Lokalzeitung auf ihre Rechnung übernimmt. Unterhalb dieser Gemeindegröße kann sich der Kandidat oder die Kandidatin auch ohne die genannten Medien hinreichend bekannt machen, zumal es ja die offizielle Kandidatenvorstellung seitens der Gemeinde gibt. Um „Juxkandidaturen" nicht zu ermuntern, werden diese Kosten nur *im Nachhinein* erstattet, und zwar, wenn der Kandidat oder die Kandidatin eine Mindeststimmenzahl – sagen wir 12 % – erringen konnte. Die genannten Zahlen stellen selbstverständlich nur eine „Hausnummer" dar, die die Richtung anzeigt: Die Untergrenze könnte natürlich auch bei 15 oder 20.000 Einwohner liegen und der Mindeststimmenanteil bei 15 %. Natürlich müßte eine solche Regelung auch verfassungsrechtlich einwandfrei gestaltet werden.

8. Schluß

Die kommunale Selbstverwaltung – so unser *Fazit* – steht und fällt mit der Qualität ihrer Bürgermeister. Mehr noch: Kommunale Selbstverwaltung und Bürgermeister sind ein wichtiges Fundament unseres politischen Systems überhaupt. Auch wenn die Voraussetzungen, die richtigen Bürgermeister zu erhalten, in Baden-Württemberg so gut sind wie nirgendwo sonst, dürfen wir nicht unbekümmert darauf vertrauen, daß alles so gut bleiben wird wie bisher. Immerhin gibt es Anzeichen, die uns aufhorchen lassen sollten.

Bürgermeister, wenn sie ihre Aufgabe nicht nur in einer guten Verwaltung sehen (das ist immerhin auch etwas, wird aber bei uns als ganz selbstverständlich angesehen), inspirieren, motovieren, bestimmen ganz wesentlich den Geist einer Gemeinde, was überall dem sensiblen Beobachter sofort auffällt, positiv oder negativ. *Johann Wolfgang von Goethe* hat das bereits klassisch – wenn auch seiner Zeit gemäß mit einem etwas zu obrigkeitlichen Akzent – in seinem Verepos „Hermann und Dorothea" formuliert (Dritter Gesang, Thalia, Die Bürger, Vers 11–21), wobei er mit Unrat und Verfall nicht nur die kommunalen Aufgaben Umweltschutz und Ortssanierung ansprechen will, sondern auch im übertragenen Sinne Integrität, Bürgersinn und Effektivität:

Sieht man am Hause doch gleich so deutlich, wes Sinnes der Herr sei,
Wie man, das Städtchen betretend, die Obrigkeiten beurteilt.
Denn wo die Türme verfallen und Mauern, wo in den Gräben
Unrat sich häufet und Unrat auf allen Gassen herumliegt,
Wo der Stein aus der Fuge sich rückt und nicht wieder gesetzt wird,
Wo der Balken verfault und vergeblich die neue
Unterstützung erwartet: der Ort ist übel regieret.
Denn wo nicht immer von oben die Ordnung und Reinlichkeit wirket,
Da gewöhnt sich leicht der Bürger zu schmutzigem Saumsal,
So wie der Bettler sich auch an lumpige Kleider gewöhnet.

Siegfried Bäuerle

Bürgermeister[1]

Zur Charakteristik einer interessanten Berufsgruppe
Eine empirische Untersuchung

1. Wie wird man Bürgermeister?

1.1. Der Bürgermeister: ein Spezialist in Sachen Verwaltung

Der „Schultes" der früheren Jahre – oftmals eine bekannte, angesehene und nicht selten originelle Handwerker- oder Landwirtspersönlichkeit vom Ort, die sich mit viel Engagement um die Orts- und Vereinspolitik kümmerte und die persönlichen Sorgen und Nöte der Einwohner kannte – ist eine Rarität geworden. Die heutigen Bürgermeister kommen zumeist nicht vom selben Ort oder von derselben Stadt: 78 %[2] von ihnen lebten zuvor in einer *anderen* Gemeinde.

Was die berufliche Qualifizierung angeht, so kann man die Ortsoberhäupter in erster Linie als Verwaltungsfachleute bezeichnen, denn 89 % aller baden-württembergischen Bürgermeister haben eine Ausbildung im Verwaltungsbereich und 93 % dieser Teilstichprobe arbeiteten zuvor im öffentlichen Dienst.

Der heutige Bürgermeister ist demnach in der Regel ein Ortsunbekannter, der sich in die konkreten Problemlagen einer Gemeinde erst hineindenken muß. Aber er ist ein Spezia-

---

1 Der leichteren Lesbarkeit wegen wird Bürgermeister geschrieben, gemeint sind jedoch Bürgermeister *und* Bürgermeisterinnen. Auch sonst wird nur die männliche Form gewählt (z.B. Mitarbeiter), gemeint sind jedoch immer Männer *und* Frauen.
2 Die folgenden Statistiken beziehen sich auf eine im Jahre 1992 durchgeführte Befragung in Baden-Württemberg. Erfaßt wurden etwa zwei Drittel aller baden-württembergischen Bürgermeister und Oberbürgermeister.

61

list in Sachen Verwaltung, der aufgrund seiner qualifizierten Ausbildung umfangreiche Detailkenntnisse im Verwaltungsbereich erworben hat. Interessant ist, daß die jüngeren Bürgermeister keinesfalls häufiger eine Ausbildung im Verwaltungsbereich aufweisen als die älteren. Es ist sogar eine leichte Tendenz in umgekehrter Richtung zu beobachten: Während 94 % aller Bürgermeister, die mehr als 24 Dienstjahre hinter sich haben, eine Ausbildung im Verwaltungsbereich nachweisen können, sind dies lediglich 87 % jener Bürgermeister, die sich in ihrer ersten Amtsperiode befinden.

Selbstverständlich hat der profunde Verwaltungshintergrund, den die heutige Bürgermeister-Generation mitbringt, viele Vorteile. So fühlt sich der Bürgermeister nach seiner Erstwahl innerhalb seiner Verwaltung gleich „heimisch". Er kennt aus Erfahrung die Verwaltungsabläufe, die ihm als Orts- bzw. Stadtoberhaupt vorgelegt werden. Menschen, die es mit baden-württembergischen Bürgermeistern zu tun haben, loben häufig deren fachliche Kompetenz.

Obwohl das Gemeindeoberhaupt in der Regel aus der Verwaltung kommt, stimmen überraschenderweise nur 60 % der befragten Bürgermeister dem Item[3] zu: *„Ohne eine Ausbildung im Verwaltungsbereich kann man kein ‚guter' Bürgermeister werden."* Fast die gesamte Teilstichprobe der Bürgermeister, die *keine* Ausbildung im Verwaltungsbereich nachweisen konnte (11 %), sowie ein Drittel der Bürgermeister *mit* Verwaltungshintergrund waren der Meinung, daß eine Ausbildung im Verwaltungsbereich für dieses Amt nicht unbedingt nötig ist.

Da – wie dargelegt – Bürgermeister in der Regel Verwaltungsfachleute sind, die auch sehr viel mit Vermittlungsaufgaben im zwischenmenschlichen Bereich zu tun haben, ist es nicht verwunderlich, daß sich etwa jeder zweite Bürgermeister (55 %) wünscht, *vor* oder *zu Beginn* der ersten Amtsperiode besser auf seine Tätigkeit vorbereitet zu werden. Vor al-

---

3 Der gesamte Fragebogen, der den Bürgermeistern vorgelegt wurde, ist ab Seite 144 zu finden.

lem jüngere Bürgermeister sind der Meinung, daß im psychologischen Bereich eine profundere Ausbildung wünschenswert sei. Sie machen die Erfahrung, daß viele Schwierigkeiten, mit denen sie in ihrem Aufgabenbereich konfrontiert werden, auch psychologischer Natur sind.

Bei Bürgermeister-Seminaren[4] konnte festgestellt werden, daß nicht wenige Versagensängste, die dieses Klientel zum Ausdruck brachte, sich weniger auf den Verwaltungsbereich als vielmehr auf Schwierigkeiten mit den Gemeinde-/Stadträten bzw. mit „problematischen" Menschen aus der Bevölkerung bezogen. Vermutlich hätten sich manche Konflikte mit diesen Personengruppen vermeiden lassen oder hätten umgangen bzw. besser gelöst werden können, wenn Bürgermeister bezüglich Menschenführung und im Hinblick auf ein besseres Verständnis ihrer eigenen Person „tiefgründiger" – mit psychologischen Kompetenzen versehen – ausgebildet worden wären.

Wie sich herausstellte, sind es vor allem Persönlichkeitsmerkmale des Bürgermeisters und zuweilen auch Erfahrungen in anderen Lebensbereichen außerhalb der Verwaltung, die als bedeutsam für das Amt eines Gemeindeoberhauptes angesehen werden. Der „gute" Bürgermeister der Zukunft sollte neben profunden Kenntnissen im Verwaltungsbereich – eine solide Verwaltungsausbildung ist ausgesprochen wichtig – eine psychisch gesunde Persönlichkeit mitbringen.

Bei nicht wenigen Aufgaben, bei denen es um langfristige Entscheidungen geht, die zudem mit finanziellen Risiken verbunden sind, fühlen sich Bürgermeister oftmals einsam. Es wäre für sie hilfreich, wenn sie in solchen für sie belastenden Situationen durch ihre persönlichen Erfahrungen oder durch eine praxisnahe Ausbildung im psychologischen Bereich mehr Feeling und Sicherheit hätten. Deutlich zeigte sich, daß jene Bürgermeister ohne größere Belastungen

---

4 In der Zeit von 1989 bis 1992 führte ich in Baden-Württemberg Bürgermeister-Seminare zur Thematik „Persönlichkeit und Konfliktlösung" durch.

schwerwiegende Entscheidungen treffen konnten, die neben ihrer Berufserfahrung im Verwaltungsbereich auch noch eine belastungsfähige Persönlichkeit aufwiesen.

Der heutige Bürgermeister ist kein „typischer" Beamter, er gleicht in seiner Amtsführung vielmehr einem Manager aus der Wirtschaft. 56 % der Befragten gaben an, daß ein „guter" Bürgermeister ein Managertyp sein sollte. Je größer die Gemeinde war, der er vorstand, desto eindeutiger fiel dieses Votum aus. Während bei kleinen Gemeinden unter 2 000 Einwohnern nur 44 % diese Meinung vertraten, waren dies bei Gemeinden mit mehr als 5 000 Einwohnern bereits 66 %. Die vier Oberbürgermeister, die eine Stadt über 50 000 Einwohner führen und in diese Befragung einbezogen wurden, brachten eindeutig (100 %) zum Ausdruck, daß ein Oberbürgermeister in erster Linie Managerqualitäten haben sollte.

1.2. Zur Ausbildung der Bürgermeister

Die überwiegende Mehrheit der Bürgermeister in Baden-Württemberg (79 %) kommt aus dem *gehobenen* Dienst. Die meisten Bürgermeister waren zuvor als Gemeindeinspektor, -oberinspektor bzw. -amtmann tätig. Jedes zehnte Gemeindeoberhaupt befand sich zuvor im *höheren* Dienst. Der zuletzt genannte Personenkreis „besetzt" in der Regel die Bürgermeisterstellen in größeren Gemeinden bzw. die Oberbürgermeister-Posten. Von den N=51 befragten Bürger- bzw. Oberbürgermeistern, die Städten mit mehr als 20 000 Einwohnern vorstehen, waren N=32 (63 %) zuvor im *höheren* Dienst tätig.

Nur 4 % der Bürgermeister in Baden-Württemberg hatten eine Ausbildung im *mittleren* bzw. *einfachen* Dienst. Von diesen waren 89 % in Gemeinden bis 5 000 Einwohnern tätig. Es zeigte sich, daß bei Bürgermeistern – wie auch bei anderen vergleichbaren Berufsgruppen – die Tendenz vorherrscht, daß Bewerber mit einfacheren Berufsabschlüssen weniger Chancen haben als jene mit höheren Abschlußqualifikationen.

Die dargelegten Erhebungen dokumentieren, daß es sich bei Bürgermeistern um eine *relativ* homogene Gruppe handelt, zumindest was ihre Ausbildung und bisherige Tätigkeit angeht. Betrachtet man die kleineren und mittleren Gemeinden, so bekommt dieses Bild noch deutlichere Konturen. In diesen Gemeinden ist kaum noch ein Bürgermeister tätig, der nicht zuvor als Inspektor in einer Gemeindeverwaltung gearbeitet hatte. Daß die Rekrutierung von Bürgermeistern aus einer so homogenen Berufsgruppe neben sehr vielen Vorteilen (z.b. hoher fachlicher Standard) möglicherweise auch Nachteile hat, ist leicht verständlich.

Was die schulische Ausbildung der baden-württembergischen Bürgermeister betrifft, kann man sagen, daß etwas mehr als die Hälfte das *Abitur* (20 %) oder die *Fachhochschulreife* (33 %) besitzt. Die Tendenz zu höheren Schulabschlüssen ist steigend: Bürgermeister, welche noch nicht so lange im Dienst sind, haben eher das Abitur bzw. die Fachhochschulreife als jene, die schon länger als Gemeindeoberhaupt tätig sind. Von den insgesamt N=51 befragten Bürgermeistern/Oberbürgermeistern aus Gemeinden mit mehr als 20 000 Einwohnern hatten N=32 (63 %) das Abitur, N=7 (14 %) die Fachhochschulreife und N=12 (24 %) einen mittleren Bildungsabschluß.

Jeder dritte Bürgermeister in Baden-Württemberg besitzt die sogenannte *mittlere Reife*. Lediglich 9 % der Ortschefs haben einen *Hauptschulabschluß*. Hierbei handelt es sich überwiegend um Personen, die einer kleineren Gemeinde vorstehen und schon vor längerer Zeit zum Bürgermeister gewählt wurden. Der Trend zu höheren Schulabschlüssen bei jüngeren Bürgermeistern ist deutlich sichtbar.

9 % der baden-württembergischen Bürgermeister haben ein Abschlußexamen an einer Universität. Bürgermeister mit Universitätsexamen besetzen in der Regel dieses Amt in einer größeren Gemeinde oder einer Stadt. Von den N=66 befragten Bürgermeistern mit Universitätsabschluß waren 74 % (N=49) in Gemeinden mit mehr als 10 000 Einwohnern tätig.

1.3. Zur Zufriedenheit der Bürgermeister

Da viele Bürgermeister aufgrund ihrer Vorbildung – nicht wenige hatten führende Positionen in ihrer früheren Gemeinde – in gewissem Umfang wußten, welche Aufgaben und Probleme sie in ihrem Amt erwarten und diese neue Lebensaufgabe auch bewußt wählten, ist es nicht verwunderlich, daß 90 % der Bürgermeister in Baden-Württemberg mit ihrem Beruf so zufrieden sind, daß sie ihn wieder ergreifen würden.

Nur 8 % der befragten Bürgermeister sind mit ihrem Beruf *nicht zufrieden*. Bei der Überprüfung der Frage, wo die Ursachen der Unzufriedenheit liegen, ergab sich, daß diese in erster Linie im familiären Bereich zu suchen sind. So haben 88 % der „Unzufriedenen" erklärt, daß sie nicht genügend Zeit für ihre Familie haben – bei der *Gesamt*stichprobe der Bürgermeister waren dies 68 %. 78 % jener Bürgermeister, die ihren Beruf nicht noch einmal ergreifen würden, gaben an, daß durch ihre Tätigkeit ihre Familie „*oft"* oder sogar „*sehr oft"* belastet wird. In der Gesamtstichprobe waren dies „nur" 59 %.

Auch die *persönliche* Belastung läßt einen Teil der Bürgermeister mit ihrem Beruf unzufrieden werden. Bei der Gesamtstichprobe bekundeten 31 % der Bürgermeister, daß sie „*sehr oft"* bzw. „*oft"* bei der Ausübung ihrer Bürgermeistertätigkeit belastet sind. In der Gruppe der „Unzufriedenen" sind dies immerhin beinahe doppelt so viele (60 %).

Unzufriedene Bürgermeister haben in der Regel auch Schwierigkeiten mit ihrem Gemeinderat. So sind 26 % dieser Gruppe der Meinung, daß es Gemeinderäte gibt, die nur den „Abschuß" des Bürgermeisters im Sinn haben; bei der Gesamtstichprobe äußerten sich lediglich 14 % in dieser Richtung. Weiterhin brachten 90 % der „Unzufriedenen" zum Ausdruck, daß die Gemeinderäte in den letzten Jahren immer kritischer wurden (gegenüber 68 % in der Gesamtstichprobe).

Zuletzt ist die „Gruppe der unzufriedenen Bürgermeister" mit ihrem Gehalt überhaupt nicht einverstanden. Während in der Gesamtstichprobe 21 % der Bürgermeister eine große Unzufriedenheit mit ihrem Gehalt dokumentieren, sind dies bei den „Unzufriedenen" etwa doppelt so viele (40 %).

Die Zusammenarbeit mit den Mitarbeitern in der Verwaltung gestaltet sich bei der „Gruppe der Unzufriedenen" in etwa so wie bei den zufriedenen Bürgermeistern. Dennoch: Überwältigende 90 % der baden-württembergischen Bürgermeister würden ihren Beruf nochmals ergreifen. Hierbei handelt es sich im Vergleich zu anderen Berufsgruppen um einen hohen Zufriedenheitsgrad. Dies zeigt, daß es sich bei dem Bürgermeisterposten um ein attraktives Betätigungsfeld mit vielfältigen und interessanten Aufgaben handelt.

In Gesprächen bei Bürgermeister-Seminaren wurde dieser Punkt immer wieder besonders positiv dargestellt. Es gibt nur wenige Berufe, die so abwechslungsreich sind und so viele verschiedene Einblicke in unterschiedliche Lebensbereiche gewähren wie der des Bürgermeisters. 78 % aller Befragten empfinden die Vielseitigkeiten ihrer Aufgaben als ein ausgesprochen attraktives Moment in ihrem Beruf. Hinzu kommen die mannigfachen Gestaltungsmöglichkeiten, die von 85 % der Ortsoberhäupter als besonders positiv bewertet werden. Daß sie als ihr eigener Herr schalten und walten können, bezeichnen 43 % der Bürgermeister als ein positiv hervorzuhebendes Merkmal ihres Amtes.

Bei der Interpretation dieses hohen Zufriedenheitsstandards muß berücksichtigt werden, daß Bürgermeister nach einer relativ kurzen Zeit (8 Jahre) diese Aufgabe wieder abgeben können, wenn sie ihnen nicht Genugtuung verschafft. Nach der ersten Amtsperiode entscheiden sich zumeist nur noch jene Bürgermeister für eine weitere Kandidatur, die bisher ihre Arbeit gerne getan haben. Der relativ große Freiraum und die Amtsdauer selbst bestimmen zu können, tragen zu der hohen Akzeptanz ihres Berufes bei. Da gerade in jüngster Zeit die öffentliche Hand trotz leerer Kassen mit immer vielfältigeren Aufgaben fertig werden muß, relativiert sich dieser Freiraum.

In Einzelfällen haben nicht wenige Bürger allerdings den Eindruck, daß die öffentliche Hand im Geld schwimmt, da sie sich nicht vehement genug gegen Ansprüchlichkeiten und Begehrlichkeiten von Menschen zur Wehr setzt, die – aus welchen Gründen auch immer – großes Interesse haben, am so bequemen „Staatstropf" zu hängen (vgl. hierzu die Ausführungen: Bäuerle u. Pawlowski 1996).

Die bei der Befragung sich ergebende Zufriedenheitsquote dürfte etwas zu „idealistisch" sein, da keine Bürgermeister befragt wurden, die ihr Amt bereits aufgegeben hatten oder gar abgewählt wurden. Daß der Zufriedenheitsgrad der Bürgermeister nicht überinterpretiert werden darf, zeigt auch die Tatsache, daß heutzutage viele Bürgermeister bereits nach der *zweiten* Amtsperiode ihr Amt zur Verfügung stellen (s. nächster Abschnitt).

1.4. Die Bedeutung der „Amtsperioden"

Auf dem Hintergrund des erwähnten Zufriedenheitsstandards ist auch das Ergebnis des folgenden Items interessant: *„Für die kommende Amtsperiode stehe ich wieder zur Verfügung."* 21 % der Bürgermeister scheiden diesen Angaben zufolge nach Abschluß ihrer *nächsten* Amtsperiode definitiv aus und 38 % haben sich zum Befragungszeitpunkt noch nicht entschieden, ob sie nochmals „antreten" sollen.

40 % der befragten Bürgermeister gaben an, daß sie wieder kandidieren werden. Dabei handelt es sich vor allem um Personen, die sich in der *ersten* Amtsperiode befinden. 75 % aller Bürgermeister in der *ersten* Amtsperiode hatten sich beim Befragungszeitpunkt bereits entschlossen, nochmals „anzutreten", und 24 % der ganz „neuen" Bürgermeister wollten sich die Entscheidung zumindest noch überlegen (manche Bürgermeister waren zum Zeitpunkt der Befragung erst wenige Monate im Amt).

Recht deutlich ist die Verweigerungshaltung bei Bürgermeistern, die sich in der *zweiten* Amtsperiode befinden: Hier sprachen sich lediglich 37 % für eine erneute Kandidatur aus. Etwa 10 % wollten unter keinen Umständen für eine weitere Amtsperiode zur Verfügung stehen, und mehr als die Hälfte der Bürgermeister in der *zweiten* Amtsperiode (52 %) war unentschlossen, ob sie für eine *dritte* Amtsperiode kandidieren sollte.

Von den N=191 Bürgermeistern, die sich in ihrer *dritten* Amtsperiode befanden, signalisierten zum Befragungszeitpunkt nur noch 9 % (N=17) eine erneute Kandidatur, 41 % der Befragten sprachen sich dagegen aus und 50 % waren noch unentschlossen. Bei den Bürgermeistern, die bereits in der *vierten* Amtsperiode ihren Dienst taten, waren 76 % nicht mehr bereit, noch einmal zu kandidieren, 22 % überlegten sich diesen Schritt noch, und *ein* Bürgermeister war entschlossen, sich für eine *fünfte* Amtsperiode aufstellen zu lassen. Die drei befragten Bürgermeister, die sich bereits in ihrer *fünften* Amtsperiode befanden, verneinten – aus Altersgründen! – eine weitere Kandidatur.

Bei der Frage nach der Kandidatur hatte es den Anschein, daß sich viele Bürgermeister recht lange mit ihrer Meinung „bedeckt" halten und mit ihr nicht zu rasch an die Öffentlichkeit gehen wollen. Dieses Verhalten ist vor allem bei jenen Bürgermeistern verständlich, die noch mehrere Jahre bis zur nächsten Bürgermeisterwahl vor sich haben. Dennoch scheint es so zu sein, daß eine nicht unerhebliche Anzahl von Bürgermeistern sich erst kurz vor Ende der Amtsperiode – meistens handelt es sich um die zweite Amtszeit – entscheidet, ob sie sich für eine erneute Kandidatur zur Verfügung stellen soll.

Für jene Bürgermeister, die sich noch nicht oder nicht mehr für eine neue Wahlperiode entschließen konnten, steht als Beweggrund die Belastung im Amt sowie der Hinweis, daß man als Bürgermeister zu sehr verplant werde, an erster Stelle.

29 % der Bürgermeister, die in die Kategorie der „Noch-nicht-Entschlossenen" oder der „Nicht-mehr-Kandidierenden" eingruppiert wurden, wollen deshalb auf eine weitere

Amtsperiode verzichten, weil sie ihren Posten für zu stressig halten. Hierunter verstehen sie vor allem, daß sie zu wenig Zeit für ihre Familie erübrigen können. Aber auch die „Zermürbung" im Amt erscheint ihnen zu groß, besonders durch die Angriffe seitens der Gemeinderäte bzw. Bevölkerung. Angriffe aus der Verwaltung sind zwar vorhanden, aber insgesamt so gering, daß sie weitgehend vernachlässigt werden können. Zuweilen entsteht der Eindruck, daß Bürgermeister unqualifizierten und schädigenden „Querschüssen" deshalb recht hilflos gegenüberstehen, weil sie – aufgrund einer „Vorschriftenflut" – nicht mit der nötigen Entscheidungskompetenz ausgestattet sind, um die vielfältigen Probleme vor Ort adäquat lösen zu können. Andererseits kann aber auch angenommen werden, daß es das Amt eines Bürgermeisters mit sich bringt, daß er oft zwischen den Fronten steht; denn Gemeindeoberhäupter haben nicht selten die Aufgabe, Kompromisse zu suchen bzw. zu vermitteln.

Etwa jeder vierte Bürgermeister (26 %) der soeben angesprochenen Gruppe fühlt sich zu sehr „verplant". Gemeint ist u.a., daß der Bürgermeister bei seinen Entscheidungen häufig nicht „frei" ist, er ist sozusagen „Vollzugsbeamter". Aus diesem Grund fliehen viele aus ihrem Beruf bzw. können sich nicht mehr für eine neue Amtsperiode entscheiden. Es sind die sehr zahlreichen und zum Teil hochkomplexen Abläufe, die im Rahmen einer Gemeindeverwaltung erledigt werden müssen, die Bürgermeister amtsmüde machen. Bei diesem Punkt sprechen sie vor allem die Überbürokratisierung und Verjustifizierung unserer Verwaltungen an. Eine Vereinfachung der Verwaltungsabläufe würde die Arbeit der Bürgermeister erleichtern und ihre Berufsmotivation erhöhen.

Die Mehrheit der „alten Hasen", welche seit vielen Jahren im Dienst sind, glaubt, daß man nach einer längeren Bürgermeisterzeit den Schwung und die innere Spannkraft verliert und sich aus diesem Grund nicht mehr zur Verfügung stellen sollte. Die genannten Argumente stehen im Zusammenhang mit der Befürchtung und zugleich Erfahrung, daß man als Bürgermeister relativ schnell verschlissen und im Amt aufgerieben wird. Dies um so mehr, als in der Regel den Gemeindeleitern ihre Tätigkeiten im Rathaus viel Freude bereiten, und sie gerne Bürgermeister sind. Daß man mit Freude und Leidenschaft einen Beruf ergreifen und ausüben kann, mag manchem als verdächtig erscheinen – aber bei einem Großteil der Bürgermeister trifft dies zu. Wir haben es bei dieser Berufsgruppe in der Regel mit hochengagierten Menschen zu tun, die mit großer Begeisterung ihrem Beruf nachgehen und die vielen Aufgaben – aufgrund der profunden Ausbildung – auch gut meistern können.

Viele Gemeindechefs sehen eine Menge unerledigter Aufgaben vor sich, müssen jedoch nach einer gewissen Zeit einsehen lernen, daß sie sich im Grunde übernommen haben und daß sie sich so nicht über weitere Jahrzehnte hinweg einsetzen können, ohne die familiären Beziehungen zu vernachlässigen und die eigene Gesundheit aufs Spiel zu setzen. Es müßte Mittel und Wege geben, die Übermotivierten unter den Bürgermeistern vor sich selbst zu schützen.

20 % der Bürgermeister, die sich nicht mehr für eine neue Amtszeit entschieden haben oder noch nicht dafür entscheiden konnten, gaben an, daß sie auch ein Neuanfang in einem *anderen* Beruf reizen würde. Hochgerechnet auf die badenwürttembergischen Bürgermeister sind dies immerhin ca. N=130 Gemeindechefs, die solche Gedanken hegen. Es handelt sich bei dieser Teilgruppe in der Regel um jüngere Bürgermeister: Knapp 80 % von ihnen sind noch keine 50 Jahre alt (17 % sind 39 Jahre und jünger; 61 % sind zwischen 40 und 49 Jahre alt). Da sich fast die Hälfte von ihnen (44 %) bereits in der *dritten* oder *vierten* Amtsperiode befindet, kann angenommen werden, daß es sich vor allem um solche Bürgermeister handelt, die relativ jung ihr Amt angetreten haben.

Die recht hohe Zahl jener Bürgermeister, die – aus welchen Gründen auch immer – sich nicht mehr für eine weitere Amtsperiode zur Verfügung stellen, obwohl sie erst *zwei*

Amtsperioden hinter sich haben, gibt zu denken. Auf einige Motive, die einer solchen Entscheidung zugrunde liegen, wurde bereits eingegangen. Weiterhin ist anzunehmen, daß auch einige *jüngere* Bürgermeister eher ihre persönlichen Vorteile sehen als die Verantwortung für die Gesellschaft (hierin sind sie „Kinder ihrer Zeit"). So war nicht uninteressant zu beobachten, wie Bürgermeister in den verschiedenen Amtsperioden zu der Aussage stehen: *„Verantwortung zu übernehmen, gibt meinem Leben einen Sinn."* Während 88 % der Bürgermeister in der *ersten* Amtsperiode dieser Aussage zustimmten, waren es bei den Bürgermeistern, die sich in der *fünften* Amtsperiode befanden, 100 % (92 % der Bürgermeister in der *zweiten* Amtsperiode, 93 % in der *dritten* und 97 % in der *vierten* Amtsperiode).

Bedauerlich ist dieser Umstand – immer mehr Bürgermeister geben bereits nach *zwei* Amtsperioden ihren Dienst auf – auch deshalb, weil so ein großes Reservoir an Erfahrung nicht mehr ausgeschöpft und für die Allgemeinheit nutzbar gemacht werden kann. Bedacht werden sollte in diesem Zusammenhang aber andererseits, daß 16 Jahre Bürgermeistertätigkeit einen hohen persönlichen Verschleiß nach sich ziehen (können). Für viele Bürgermeister war gerade ihre *dritte* Amtsperiode eine Phase, die sie sehr belastete.

Zu diesem Ergebnis paßt auch, daß nur 24 % aller Bürgermeister *aus Altersgründen* (Pensionierung) sich nicht mehr für eine erneute Kandidatur zur Verfügung stellen.

Weiterhin hat es den Anschein, daß Bürgermeister, die das Interesse an ihrem Beruf etwas verloren haben, auch darüber enttäuscht sind, daß sie nicht genügend Entscheidungsbefugnis zugebilligt bekommen. Diese Unzufriedenheit hängt neben tatsächlichen Beschränkungen der „Machtbefugnis", die in einer demokratisch verfaßten Gesellschaft den Bürokratien eigen sind, auch mit wichtigen Persönlichkeitseigenschaften zusammen, die bei nicht wenigen Bürgermeistern anzutreffen sind: Es bewerben sich häufig gerade solche Menschen für das Amt eines Bürgermeisters, die gerne Gestaltungsaufgaben übernehmen und bei der Ausgestaltung von Projekten ihre persönlichen Stärken einbringen wollen. Für diese Menschen ist es wichtig, mit Hilfe der zugebilligten Machtbefugnisse Entscheidungen treffen und Gestaltungsaufgaben durchführen zu können.

So strukturierte Persönlichkeiten erleben in einer sowohl verbürokratisierten als auch verjustifizierten Gesellschaft und angesichts der zunehmenden Finanzmisere der öffentlichen Hand, daß ihnen bei nicht wenigen Entscheidungen die Hände gebunden sind. Je „versklavter" der Bürgermeister wird, desto stärker manifestiert sich der Drang nach Gestaltung und Freiheit. Das Gemeindeoberhaupt, das selbst einer allmächtigen und hochkomplexen Bürokratie gegenübersteht, fühlt sich oft ohnmächtig und hilflos. Der Bürgermeister „erlebt sich selbst nicht als Subjekt seiner eigenen Handlungen, als denkende, fühlende und liebende Person" (Fromm 1989, S. 66) und resigniert. Dieses Hemmnis von außen ist es, das die Bürgermeister in der Ausübung ihres Amtes unzufrieden macht – und *auch* deshalb gibt eine stattliche Anzahl von Bürgermeistern bereits nach der *zweiten* Amtsperiode ihren „Posten" auf.

In diesem Zusammenhang kann zuletzt noch auf die Frage eingegangen werden, wieviele Amtsperioden ein Bürgermeister im Amt bleiben sollte. 37 % der Befragten sind für *zwei* und 43 % für *drei* Amtsperioden, also 80 % der Bürgermeister halten eine Amtszeit zwischen 16 und 24 Jahren für optimal. Würde man dieses Ergebnis mitteln, käme man auf etwa 20 Amtsjahre, ein Zeitrahmen, der auf den ersten Blick recht vernünftig erscheint. In Wirklichkeit sind die baden-württembergischen Bürgermeister – der hier durchgeführten Befragung zufolge – im Durchschnitt 17,6 Jahre im Dienst.

Differenzierter betrachtet zeigt sich ein klareres Bild: Unter den 40jährigen und jüngeren Bürgermeistern votierten 59 % für eine Amtszeit von *zwei*, 33 % für eine von *drei* Amtsperioden sowie 8 % für eine Tätigkeit bis zur Pensionierung. Anders sieht die Meinung bei den 50jährigen und älteren Bürgermeistern aus: 21 % sprachen sich für *zwei* Amtsperioden, 51 % für *drei* und 22 % für eine Tätigkeit bis zur Pensionierung aus. Bei diesem Ergebnis wird deutlich, daß eher die *jüngeren* Bürgermeister nicht mehr gewillt sind, ihren Dienst über mehr als *zwei* Amtsperioden hinweg zu versehen.

Für *eine* Amtsperiode entschieden sich nur N=4 der insgesamt N=722 Befragten, so daß diese Meinung (0,6 %) vernachlässigt werden kann.

Viele Bürgermeister sind relativ jung, wenn sie ihre *erste* Amtsperiode beginnen: Knapp die Hälfte der Gemeindeoberhäupter ist bei Amtsantritt 30 Jahre alt und jünger. Dies bedeutet, daß sich recht viele „Bürgermeisterpensionäre" in einem „guten", arbeitsfähigen Alter befinden – wenn sie bereits nach *zwei* Amtsperioden ihr Amt zur Verfügung stellen.

Vergleicht man die Wünsche, was die Amtsperioden angeht, mit der tatsächlichen Amtsperiode, so kann man feststellen, daß sich 36 % der befragten Bürgermeister in der *ersten* Amtsperiode und jeweils 27 % in der *zweiten* bzw. *dritten* Amtsperiode befanden. Demnach sind 90 % aller baden-württembergischen Bürgermeister in ihrer *ersten, zweiten* oder *dritten* Amtsperiode. Immerhin 7 % steuern das Ende der *vierten* Amtsperiode an und N=3 der befragten Ortsoberhäupter waren in der *fünften* Amtsperiode. Ein Bürgermeister hielt mit 38jähriger „Schultes-Tätigkeit" den Rekord unter den Befragten.

Nahezu alle Bürgermeister in Baden-Württemberg (99 %) sind Männer. Zum Befragungszeitpunkt befanden sich weniger als 1 % Frauen auf baden-württembergischen Bürgermeister- bzw. Oberbürgermeistersesseln. Auf die Frage, warum sich nur so wenig Frauen für das Amt des Bürgermeisters bewerben bzw. zur Wahl aufstellen lassen, kann im Zusammenhang mit der vorliegenden Befragung nicht eingegangen werden.

2. Zur Persönlichkeit des Bürgermeisters

Die Frage, was einen „guten" Bürgermeister ausmacht, wird von ihnen selbst eindeutig beantwortet: 92 % aller Bürgermeister in Baden-Württemberg sind der Meinung, daß die *Persönlichkeit eines Menschen* darüber entscheidet, ob man ein „guter" Bürgermeister ist. So ist zu fragen, was unter der Persönlichkeit eines „guten" Bürgermeisters zu verstehen ist.

2.1. Ein „guter" Bürgermeister ist internal kontrolliert

Aufgrund der Untersuchung konnte herausgefunden werden, daß die sogenannte internale Kontrollüberzeugung (vgl. *Rotter* 1982; Dieterich 1996, S. 197 ff.) eine nicht unerhebliche Bedeutung für die Antwort auf die Frage hat, welche Persönlichkeitsstruktur sich als Bürgermeister durchsetzt. Bei der überwiegenden Mehrheit der Bürgermeister sind es „eher internale, im Individuum selbst liegende Ursachen", die für ihr Leben bestimmend sind (Dorsch u.a. 1991, S. 393).

So glauben 88 % der Bürgermeister, daß es vor allem an *ihnen* liegt, ein gutes Betriebsklima in ihrer Verwaltung zu schaffen. Die internal kontrollierten Bürgermeister sind überzeugt, den auf sie zukommenden Aufgaben gewachsen zu sein. Verzagtheit und Selbstzweifel liegen ihnen nicht – Optimismus, Zuversicht und Gestaltungswille sind Ausdruck ihrer positiven Grundstimmung. Nach außen wirkt dies so, als ob diese Art von Bürgermeister in sich selbst ruhe. Man sieht den internal kontrollierten Bürgermeistern ihre Souveränität geradezu an.

Zu dem skizzierten Bild – von dem *eigenen* Können überzeugt zu sein – paßt weiterhin, daß vier von fünf Bürgermeistern (80 %) davon ausgehen, daß es von ihren *eigenen* Fähigkeiten abhängt, in ihrer Gemeinde Erfolg zu haben. Etwa drei Viertel der Bürgermeister (73 %) sind der Meinung, daß bei Gemeinderatssitzungen im Grunde nichts „schief" gehen kann, wenn sie sich auf diese entsprechend vorbereiten. Daß situative Variablen eine Gemeinderatssitzung im Kern erschüttern können, davon gehen nur recht wenige Bürgermeister aus. Aus solchen Einstellungen ist die „Selbst-ist-der-Mann"-Persönlichkeit ersichtlich.

Die genannten Beispiele verdeutlichen, daß die meisten Bürgermeister *eigene* „große Anstrengungen unternehmen, mit den Umweltbedingungen fertigzuwerden oder die Herrschaft über diese zu erlangen" (Phares 1978, S. 431). Eine internale Kontrollüberzeugung ist ein wichtiges Persönlichkeitsmerkmal eines „guten" Bürgermeisters, um mit den Problemen und Schwierigkeiten im Amt besser fertig werden zu können.

Diese Art „Kämpfernatur", die sich ihrer Fähigkeiten bewußt ist und die das einmal Vorgenommene auch durchsetzen will, ohne daß sie sich von den vielen Argumenten „zurechtbiegen" läßt, zeigte sich auch in Einzelgesprächen bei den Bürgermeister-Seminaren. Etwas zugespitzt könnte man formulieren, daß Bürgermeister eine gehörige Portion Kampfeswillen in sich tragen. Wenn es „härter" kommt, zeigen nicht wenige von ihnen auch einmal ihre „Rauflust". Von daher ist die Aussage gut zu verstehen, daß Konflikte zu lösen das Amt eines Bürgermeisters interessant machen. Nur 6 % der Gemeindeoberhäupter verneinen diese Aussage. Wer sich zurückzieht, wenn Schwierigkeiten auftreten, ist für das Amt eines Bürgermeisters nicht geeignet.

Die Eigenschaft, sich gegenüber Mitmenschen durchsetzen zu können, wird von der Bevölkerung nicht nur akzeptiert, sondern geradezu gefordert, da sie nicht möchte, daß ein wankelmütiger Mensch an der Spitze einer Gemeinde steht. Schwächlinge werden schnell zur Beute von Aggressoren.

Tendenzen, diese kämpferische Grundhaltung nach innen zu verschieben und sich selbst zu zermürben, zeigen sich auch bei Bürgermeistern. Suizidales Handeln und Suchtgefahren (Alkoholismus) sind bei ihnen nicht seltener anzutreffen als beim Durchschnitt der Bevölkerung.

Viele Bürgermeister erfahren während ihrer Amtszeit, daß es wichtig ist, eine transparente Amtsführung zu haben, die es einzuhalten gilt. Vor allem Bürgermeister, die zuständig sind für mehrere Ortsteile bzw. für mehrere Gemeinden, berichteten, daß sie erst dann von den Gemeinderäten bzw. Einwohnern voll akzeptiert wurden und auch ihre Identität als Bürgermeister fanden, nachdem *ihnen selbst* klar war, welches Konzept sie bei ihren Entscheidungen zu verfolgen haben. Zu Beginn ihrer Tätigkeit mußten noch unerfahrene Bürgermeister in solchen „Mehrfachgemeinden" Lehrgeld bezahlen, weil sie zu viele Argumente „unter einen Hut bringen" wollten. Gemeindechefs, die es jedem recht machen wollen, können sich in ihrem Amt nicht lange halten. Sie entfernen sich innerlich von ihrer eigenen Glaubwürdigkeit, da sie sich in Widersprüchen verfangen. Insofern ist der internal kontrollierte Bürgermeister, der einen klaren Weg geht und sich nicht durch die Außenwelt „verbiegen" läßt, gerade in einer hedonistischen Zeit, in der viele Einzelpersonen oder Gruppen ihre egoistischen und zum Teil widersprüchlichen Anforderungen an das Ortsoberhaupt stellen, von ausschlaggebender Bedeutung.

2.2. Der „gute" Bürgermeister
zwischen Identifikation und Projektion

Selbstverständlich kann ein Bürgermeister in einer demokratisch verfaßten Gesellschaft mit den vielen Entscheidungsgremien nicht in selbstherrlicher oder gar arroganter Weise die ihm aufgetragenen Probleme lösen. Von daher ist verständlich, daß – hier handelt es sich um einen Gegenpol zur internalen Kontrollüberzeugung – die überwiegende Mehrheit der Bürgermeister (85 %) der Meinung ist, daß diejenigen „gute" Bürgermeister sind, die mit Menschen *psychologisch* gut umgehen können. Viele Orts- bzw. Stadtoberhäupter haben erfahren, daß es nicht genügt, ein gutes Konzept zu haben, sondern daß es auch darauf ankommt, *wie* man dieses Konzept den Mitmenschen nahebringt, so daß sie sich mit ihm identifizieren können.

Die psychologische Eigenschaft des Vermitteln-Könnens und der Empathie-Fähigkeit scheint nicht zuletzt auch deshalb angebracht zu sein, da Bürgermeister in vielen Bereichen kaum mehr in Entscheidungen – die bereits auf Sachbearbeiterebene getroffen wurden – eingreifen können. Es gehört häufig zu ihren Aufgaben, zwischen den einzelnen „Instanzen" zu vermitteln.

An dieser Stelle muß eine weitere Eigenschaft erwähnt werden, die Bürgermeister selbst als bedeutsam erachten: Sie sollten *sprachliche und darstellerische* Fähigkeiten besitzen, um Entscheidungen in geeigneter Weise öffentlich darstellen zu können. Diese Meinung vertraten 43 % der Befragten. Vor allem sollten die Stadtoberhäupter in Städten mit mehr als 20 000 Einwohnern sprachlich versiert mit ihren Mitmenschen umgehen können. Für 54 % dieser Berufsgruppe gehört die *„sprachliche und darstellerische Fähigkeit"* zu den drei wichtigsten Kriterien eines „guten" Bürgermeisters.

Ein Bürgermeister, der nicht in volksnaher Art und Weise seinen Mitmenschen begegnen kann und komplizierte Inhalte auch den einfacher strukturierten Menschen zu vermitteln in der Lage ist, wird es schwer haben, von diesen verstanden oder gar angenommen zu werden. Um es deutlicher zu sagen: Die mundartliche Ausdrucksweise kommt bei der Bevölkerung zuweilen besser an und schafft ein größeres Vertrauen als die perfekte Formulierung in Hochdeutsch. Vor allem in überschaubareren Gemeinden ist diese „urtümliche" Volksnähe, die gepaart sein sollte mit einer *gewissen* verbalen Fähigkeit, noch wichtiger als in Großstädten. Verlangt wird keine besondere Elonquenz, sondern eine volksnahe Sprache, über die dann auch Vertrauen geschaffen werden kann.

Die akzeptierte Bürgermeister-Persönlichkeit verkörpert die beiden tiefenpsychologischen Abwehrmechanismen der Identifikation und Projektion. Einerseits ist das Gemeindeoberhaupt nach dem Urteil der Bevölkerung einer von ihnen, einer wie sie alle, andererseits ist er aber auch Führer, der sich durchsetzt. Diese „bipolare" Persönlichkeit ist gleichsam das „Urmodell" von erfolgreichen und bei der Bevölkerung angesehenen Bürgermeistern. Jene Bürgermeister, die den goldenen Mittelweg zwischen den beiden „Strebungen" der Identifikation und Projektion finden, werden als geschätzte Ortsoberhäupter bei ihren Mitbürgern unvergessen bleiben. Bei den Bürgermeister-Seminaren wurden Überlegungen angestellt, wo der Weg zwischen Identifikation und Projektion im einzelnen verlaufen kann. So wurden manche Episoden zum besten gegeben, wie Bürgermeister in humorvoller Art den Problemen in der öffentlichen Auseinandersetzung begegnen können. Ein sprachlich „einsilbiger" Mensch oder ein Intellektueller, der keinen persönlichen Kontakt zur Bevölkerung herstellen kann, fällt in der Regel durch das „Wahlsieb" bei Bürgermeisterwahlen oder wird häufig nach seiner ersten Amtsperiode abgewählt.

2.3. Moralische Ansprüche an den Bürgermeister

Wer unehrlich, arrogant oder unglaubwürdig ist, sollte nicht den Beruf des Bürgermeisters ergreifen. Diese negativen Eigenschaften zählen zu den markantesten Eigenschaften eines „schlechten" Bürgermeisters. Etwa jeder zweite Bürgermeister in Baden-Württemberg hat diese drei Persönlichkeitseigenschaften als *Leitsymptom* eines „schlechten" Bürgermeisters angegeben.

Unglaubwürdigkeit kann vor allem für Bürgermeister aus größeren Gemeinden zur Abwahl führen. Bei Gemeinden bzw. Städten mit 20 000 Einwohnern und mehr sind 48 % der Bürgermeister der Meinung, daß diese *Unglaubwürdigkeit* dem Ruf eines Bürgermeisters besonders schadet. Noch deutlicher ist die Meinung bei der Eigenschaft „Unehrlichkeit": 70 % aller Bürgermeister aus größeren Gemeinden (mit mehr als 10 000 Einwohnern) halten die *„Unehrlichkeit"* eines Bürgermeisters für das negativste Leitsymptom.

Interessant ist, daß eine Gesellschaft, die in nicht wenigen Bereichen als korrupt und unmoralisch bezeichnet werden kann, gerade von ihren Repräsentanten moralisch einwandfreies Verhalten einfordert. Hier spiegelt sich ein tiefenpsychologischer Beweggrund wider: Je weniger man das unmoralische Verhalten *in sich* entdecken kann, desto schärfer sieht man dieses bei anderen. Menschen mit einer moralischen Integrität und einem guten Leumund werden es deshalb künftig leichter haben, zum Bürgermeister gewählt zu werden. Gesucht wird der Bürgermeister, der Vorbild – auch in moralischer Hinsicht – für andere sein kann.

2.4. Selbstvertrauen ist für einen Bürgermeister wichtig

Betrachtet man eine weitere Komponente der Persönlichkeitsstruktur der Bürgermeister, so ist festzustellen, daß es sich bei dieser Berufsgruppe in der Regel um gefestigte Persönlichkeiten handelt, die von einem großen Selbstvertrauen gekennzeichnet sind. Es ist der starke Wille, an sich zu glauben, den viele Bürgermeister mitbringen. Bereits am Anfang einer Bürgermeisterkarriere – nämlich im Wahlkampf – zeigt sich diese Überzeugung: „Ich bin der beste für die Gemeinde!" Aus psychologischer Sicht läßt sich leicht der Schluß ziehen, daß es gerade solche Menschen sind, die den Glauben *an sich selbst* internalisiert haben und es deshalb im Leben weiter bringen als jene Menschen, die an sich zweifeln.

So berichtete ein Bürgermeister bei einem Bürgermeister-Seminar über seinen Wahlkampf: „Ich lag bei der ,Erstwahl' knapp hinter meinem schärfsten Konkurrenten, war aber überzeugt, daß ich es bei der Stichwahl schaffen werde – und ich habe die Bürgermeisterwahl für mich entschieden."

Die „Bürgermeisterriege" ist eine positive Auswahl von Menschen, die den Erfolg „herbeientscheidet". Es gibt in der Psychologie empirische Befunde, welche überzeugend darlegen, daß es im Leben eines Menschen von großer Bedeutung ist, an den Erfolg zu glauben, den man haben will.

Doch diese Aussage bestätigt sich auch in negativen Erfahrungen: Ein Bürgermeister berichtet, daß er am Ende der *ersten* Amtsperiode nicht sicher war, ob er sich noch einmal zur Wahl stellen solle. Mit einem gewissen Zögern hat er sich dann doch zur Kandidatur bereiterklärt, weil sein Nachbarkollege ihn hierzu überredet hatte. Er ist abgewählt worden.

Bürgermeistern, die von ihrem eigenen Glauben, erfolgreich zu sein, überzeugt sind, bereitet es Freude, Verantwortung bei der Gestaltung von Aufgaben zu übernehmen (91 %). Sie gehen keinesfalls Konflikten aus dem Weg. Die Freude an der Lösung von Problemen und die – in der Regel – große Belastungsfähigkeit eines Bürgermeisters sind gute Voraussetzungen für das Amt eines Gemeindeleiters, da dieser – wenn es gilt, Entscheidungen zu treffen – sich oft allein gelassen fühlt.

Weiter kann angeführt werden, daß „gute" Bürgermeister es verstehen, ihr Führungsinstrumentarium richtig einzusetzen. Bei dem Item *„Als Bürgermeister habe ich Macht, wichtige Entscheidungen zu treffen"* haben nur 23 % nicht zugestimmt. Dem „guten" Bürgermeister ist aber recht schnell bewußt, was durchsetzbar ist und was nicht.

Einzelne Bürgermeister neigen zur Selbstüberschätzung, die zu einem Gefühl der Überlegenheit führen kann. Durch dieses Überlegenheitsgefühl kann es dazu kommen, daß solche Bürgermeister den angemessenen Bezug zur Wirklichkeit teilweise verlieren und möglicherweise Dinge tun, die ihnen und anderen zum Verderben werden. Einzelschicksale, die zum Teil tragisch endeten, sind nicht selten das Ergebnis einer selbstüberschätzenden Persönlichkeit.

Hingewiesen werden kann an diesem Punkt darauf, daß die Schwäche eines Menschen immer dort liegt, wo auch seine Stärke zu finden ist.

3. Zur Arbeit des Bürgermeisters

3.1. Wie sich ein Bürgermeister seine Arbeit vorstellt

Bürgermeister gehen vor allem davon aus, daß sie im Amt Freiräume zur Gestaltung ihrer vielseitigen Arbeit bekommen, für die sie dann auch gerne Verantwortung übernehmen. Für die überwiegende Mehrheit aller Gemeindeoberhäupter ist diese Komponente sehr wichtig. *„Mehr Gestaltungsfreiheit"* und *„weniger Vorschriften"* sind für 66 % der baden-württembergischen Bürgermeister Voraussetzungen, um ihr Amt attraktiver zu gestalten.

Für ihre Arbeit investieren sie viel Zeit und Kraft. So arbeitet ein Bürgermeister nach eigenen Angaben in der Woche durchschnittlich 58,4 Stunden. Die meisten Bürgermeister (80 %) haben *neben* ihrem Amt als Bürgermeister noch andere Aufgaben übernommen. Diese „Nebentätigkeiten" belaufen sich in der Woche auf durchschnittlich 4,9 Stunden, so daß ein Bürgermeister wöchentlich 63,3 Stunden arbeitet.[5]

Daß Menschen, die in ihren Beruf stark eingebunden sind, diesen als „zeitraubend" empfinden, ist nicht verwunderlich. Die zeitliche Beanspruchung im Amt ist deshalb auch die negativste Erfahrung für Bürgermeister. 71 % aller baden-württembergischen Bürgermeister mißfällt diese zeitliche Beanspruchung. Am stärksten (74 %) wird die zeitliche Inanspruchnahme von den Bürgermeistern in der *zweiten* Amtsperiode moniert, am wenigsten (69 %) von jenen, die sich in der *ersten* Amtsperiode befinden.

So ist nachvollziehbar, wenn 86 % der befragten Bürgermeister ihre Tätigkeit als *belastend* empfinden: für 31 % ist die Arbeit *„oft"* bzw. *„sehr oft"*, für 55 % ist sie *„manchmal"* be-

---

5 Sicherlich ist bei der Interpretation *selbst*eingeschätzter Arbeitszeit Vorsicht geboten, da man aus Untersuchungsbefunden (bei anderen Berufsgruppen) weiß, daß es durchaus vorkommen kann, daß die Befragten bei einer solchen Frage zuweilen eher im Sinne der Erwartung antworten. Die Ergebnisse sollten deshalb nicht überinterpretiert werden.

lastend. Menschen in Führungspositionen, denen ein hohes Maß an Verantwortung übertragen wird und die weitaus mehr Arbeitsstunden als die durchschnittlichen Arbeitnehmer absolvieren müssen, empfinden in der Regel ihre Arbeit eher als Belastung.

Allerdings sollte bei der Interpretation dieses Belastungsproblems differenzierter vorgegangen werden und nur jene Gruppe analysiert werden, die die Belastung im Amt eines Bürgermeisters als *zu groß* ansieht. Diese Gruppe umfaßt etwa knapp jeden dritten Bürgermeister in Baden-Württemberg.

Wie eine Differentialanalyse zeigt, fühlen sich Bürgermeister *besonders* in der *dritten* Amtsperiode belastet: 46 % dieser Bürgermeistergruppe stimmen dem Item *„Belastung im Amt eines Bürgermeisters ist zu groß"* zu. Demgegenüber sind die Bürgermeister, die sich in der *ersten* Amtsperiode befinden, weniger belastet. Nur 12 % der Bürgermeister in der *ersten* Amtsperiode fühlen sich durch ihr Amt *übermäßig* belastet. Ein solches Ergebnis deutet darauf hin, daß sich Bürgermeister im Laufe der Zeit recht stark „verschleißen", und von daher ist auch zu verstehen, warum immer mehr Amtsinhaber bereits nach ihrer *zweiten* Amtsperiode den Dienst quittieren.

Für etwa ein Drittel der Bürgermeister (31 %) war die *letzte* Bürgermeisterwahl eine *„starke"* bzw. *„sehr starke"* Belastung. In der Regel ist die *Erst*wahl für Bürgermeister *weitaus* belastender als die folgenden Wahlen. Während von 56 % der *Erst*kandidaten der Wahlkampf als *„stark"* bzw. *„sehr stark"* belastend empfunden wurde, waren dies bei der *Zweit*wahl gerade 20 %, bei der *Dritt*wahl 16 % und bei der *Viert*wahl nur noch 13 %. Es ist anzunehmen, daß Wiederholungswahlen im allgemeinen für Bürgermeister leichter zu gewinnen sind als die Erstwahl und deswegen auch als weniger belastend empfunden werden.

Neben dem angesprochenen Zeitaufwand bringen die „Gemeindevorsteher" auch noch ein hohes Maß an Verantwortungsbereitschaft mit. 91 % aller Bürgermeister sind der Meinung, daß die Übernahme von Verantwortung im Amt ihrem Leben Sinn gibt. Über eine solch lobenswerte Aussage würde sich vor allem der Sinnforscher Frankl (1973, 1980) freuen und diese Grundeinstellung als sehr positiv betrachten. Es darf angenommen werden, daß diese hohe Anspruchshaltung die Bürgermeister bei der Bewältigung ihrer praktischen Probleme noch zusätzlich unter Erfolgszwang setzt.

Wer sich so in die Pflicht nehmen läßt wie die überwiegende Mehrheit der baden-württembergischen Bürgermeister, dem fehlen aber zuweilen die Freiräume, die Kompetenzen und nicht zuletzt die finanziellen Mittel, um seine Ideen verwirklichen zu können. Um ihre Gestaltungsfreiheit realisieren zu können, hätten die Bürgermeister gerne weniger „Verwaltungsvorschriften". Für etwa zwei Drittel der Bürgermeister ist es so, daß die „Verwaltungsvorschriften" ihre kreative Arbeit hemmen. Bei der Frage, was dem Bürgermeister bei der Ausübung seines Amtes gefällt, weisen 86 % der Befragten auf die Gestaltungsmöglichkeiten im Amt hin, was jedoch nicht heißt, daß sie den Eindruck haben, daß diese Gestaltungsfreiheit in dem von ihnen erwünschten Ausmaß auch wahrgenommen werden kann. Lediglich etwa jeder zweite Bürgermeister stimmt dem Item *„Bürgermeister haben bei ihrer Arbeit einen großen Freiraum"* zu. Nur 29 % der baden-württembergischen Gemeindeleiter verneinen das Item *„Bürgermeister müßten für wichtige Entscheidungen mehr Kompetenzen besitzen"*. Das heißt, nicht einmal ein Drittel der Rathauschefs ist mit seiner Kompetenzausstattung zufrieden.

Neben den Gestaltungsmöglichkeiten, die Bürgermeister für ihr Amt als bedeutsam ansehen, sind es auch die *Vielseitigkeiten* der Aufgaben, die den Bürgermeisterposten attraktiv machen. 79 % der Bürgermeister gefällt es, daß sie einen Beruf ausüben, bei dem vielfältige Aufgaben zu erledigen sind. Zwischen beiden Variablen, den Gestaltungsmöglichkeiten und der Vielseitigkeit der Aufgaben, besteht ein positiver Zusammenhang: Gestalten kann man, wenn eine Reichhaltigkeit an Aufgaben vorliegt. Sicherlich gibt es kaum andere Berufe, bei denen vielfältigere Aufgaben zu meistern sind.

Aber auch hier zeigt sich wiederum, daß sich nicht wenige Bürgermeister in ihren Aktivitäten gebremst sehen, wenn es um die Umsetzung ihrer Überlegungen geht. Denn als „eigener Herr im Hause", der *selbständig* schalten und walten kann, bezeichnet sich nicht einmal die Hälfte aller Ortsoberhäupter. Es wird eine Vielzahl von bürokratischen Mechanismen angesprochen, die in Verwaltungsabläufe eingebaut sind und – nach Meinung von hochmotivierten und engagierten Bürgermeistern – sich eher hemmend als fördernd auswirken. Auf diesem Hintergrund scheint es geboten zu sein, die Verbürokratisierung vieler Verwaltungsabläufe zurückzunehmen, will man nicht gerade die kreativen und motivierten Bürgermeister entmutigen. Es sollte zu denken geben, wenn 59 % der baden-württembergischen Rathauschefs die Meinung vertreten, daß zu viele staatliche Vorgaben ihren Handlungsspielraum einschränken und daß diese Tatsache ihnen am Amt des Bürgermeisters deutlich mißfällt.

Wie sich bei einer Differentialdiagnose herausstellte, wird dieser Punkt um so heftiger kritisiert, je kleiner die Gemeinde ist. Bürgermeister, die Gemeinden bis zu 5 000 Einwohnern vorstehen (sie machen 55 % aller baden-württembergischen Gemeinden aus), waren zu 66 % der Meinung, daß sie nicht genügend Handlungsspielraum in der Ausübung ihres Amtes haben; bei den Bürgermeistern in Gemeinden mit mehr als 5 000 Einwohnern brachten „lediglich" 52 % dies zum Ausdruck.

Interessant ist, daß die Repräsentation des Bürgermeisters, die von den Mitbürgern in der Regel erwartet wird, von ihm gar nicht so negativ – wie vielfach angenommen – gesehen wird. Lediglich jeder fünfte Bürgermeister berichtet, daß er Festlichkeiten nicht gerne besucht, weil diese Aufgabe ihn zeitlich zu sehr in Anspruch nimmt.

Zum einen kann hieraus geschlossen werden, daß viele Bürgermeister sich mit dieser Aufgabe gerne identifizieren und auch einen Weg gefunden haben, wie die Anwesenheit des Bürgermeisters bei den vielen Verpflichtungen sinnvoll gelöst werden kann. Zum anderen nehmen nicht wenige Bürgermeister bei bestimmten Festlichkeiten ihre Frauen oder Familien mit, so daß diese „Amtspflicht" nicht ganz so stark die Familie ausschließt. Weiterhin treffen manche Gemeindeleiter Abmachungen mit Vereinsvorständen oder anderen Verantwortlichen, die zum Inhalt haben, ihre Repräsentanz gerecht zu verteilen (beispielsweise nur jedes zweite Jahr zum Vereinsfest usw. zu kommen). Es scheint so zu sein, daß die Bevölkerung eine derartige Aufteilung der Bürgermeisterpflichten dann mitträgt, wenn es dem Gemeindeoberhaupt gelingt, sein Vorgehen transparent zu machen, so daß nicht der Eindruck entsteht, er bevorzuge den einen Verein und benachteilige den anderen.

3.2. Zusammenarbeit mit anderen

Bei der Ausübung seiner Tätigkeit hat der Bürgermeister die meisten Schwierigkeiten mit dem Gemeinde- bzw. Stadtrat. Weitere Unannehmlichkeiten, die an die Probleme mit dem Gemeinderat fast heranreichen, haben Bürgermeister auch mit der Bevölkerung. Die Zusammenarbeit mit seiner Verwaltung hingegen ist für ihn nicht so belastend.

3.2.1. Gemeinderat

Etwa jeder zweite Bürgermeister (52 %) fühlt sich vor einer Gemeinderatssitzung innerlich „angespannt". Am meisten belastet fühlten sich ältere Bürgermeister: 59 % der Gemeindechefs, die sich in der *vierten* oder *fünften* Amtsperiode befanden, gaben an, daß sie sich vor einer Gemeinderatssitzung innerlich „angespannt" fühlen. Bei den „Anfängern" in der *ersten* Amtsperiode waren es 55 %. Noch am gelassensten gehen jene Bürgermeister in die Gemeinderatssitzung, die sich in ihrer *zweiten* Amtsperiode befinden (46 %).

Dieses Ergebnis ist psychologisch nachvollziehbar: Zum einen ist der Mensch im Alter weniger belastbar, zum anderen ist es der „Neuheits-Effekt", der die Bürgermeister in ihrer *ersten* Amtsperiode vor ihrem Auftritt im Gemeinde- bzw. Stadtrat nervöser werden läßt als die älteren Kollegen, die jedoch noch nicht durch ihre Arbeit bzw. das Lebensalter an Schwung und Kraft verloren haben.

Des weiteren stellte sich bei dieser Befragung heraus, daß Bürgermeister in kleineren Gemeinden eher „verkrampft" vor ihrem Gemeinderat auftreten als jene in größeren Gemeinden oder Städten. Bei Gemeinden bis zu 5 000 Einwohnern gaben 55 % der Ortsoberhäupter an, daß sie bei Gemeinderatssitzungen innerlich „angespannt" sind. In Gemeinden mit mehr als 10 000 Einwohnern waren dies lediglich 43 % der Bürgermeister.

Etwa jeder siebte Bürgermeister (15 %) bringt zum Ausdruck, daß die Zusammenarbeit mit dem Gemeinderat problematisch ist. In den Bürgermeister-Seminaren gab es interessante Diskussionen, wie Rathauschefs sich am besten auf eine Gemeinderatssitzung vorbereiten können.

Manche Bürgermeister halfen sich, das Unsicherheitsgefühl vor einer Gemeinderatssitzung in den Griff zu bekommen, indem sie diese „direktiv durchzogen": Der sachlich gut vorbereitete Bürgermeister geht auf die wesentlichen Punkte ein, versucht aber ausschweifende Gespräche zu vermeiden, die die gegebene Grundspannung erhöhen und zu einer offenen Konfliktauseinandersetzung führen können. Insofern ist es nicht verwunderlich, daß lediglich ein Viertel der Bürgermeister der Ansicht ist, daß ausgiebige Diskussionen im Gemeinderat ihren Horizont erweitern würden. Nur jeder zweite Bürgermeister stimmt der Meinung zu, daß es wichtig ist, in der Gemeinderatssitzung möglichst ausführlich zu diskutieren.

Die *psychologische* Vorbereitung auf eine Gemeinderatssitzung sah bei den einzelnen Bürgermeistern ganz unterschiedlich aus (viele hatten ihre eigene Erfahrung und Vorgehensweise). Einige Beispiele sollen genannt werden: Hören klassischer Musik, Jogging, autogenes Training, progressive Muskelentspannung oder Anwendungen anderer Streßbewältigungstechniken.

Einzelne Bürgermeister versuchten das angesprochene Problem präventiv durch Pflege einer guten Atmosphäre im Gemeinderat zu lösen, indem sie ab und zu mit diesem gemeinsam ein Wochenende außerhalb der Gemeinde verbrachten. Jene Bürgermeister, die diese Methode anwandten, waren überzeugt, daß das *gemeinsame* Erleben und die *gemeinsamen* Erfahrungen die Gemeinderäte über parteipolitische Grenzen oder andere Markierungen hinweg zusammenschweißen kann. Die hierbei gemachten positiven Erfahrungen lassen sich auch aus betriebspsychologischer Sicht erhärten. Untersuchungen in Betrieben haben gezeigt, daß dann weniger interpersonelle Konflikte entstehen, wenn die sozial-emotionale Beziehung zwischen den einzelnen Gruppenmitgliedern positiv ausgerichtet ist. Wer Konflikte und Spannungen bei seinen Mitarbeitern vermeiden will, sollte für ein gutes Betriebsklima sorgen.

Ab und zu ein gemeinsames Essen mit dem Gemeinderat ist nahezu in jeder Gemeinde eingeführt, nur 2 % der Bürgermeister sprachen sich gegen diese Variante aus.

Daß die Zusammenarbeit zwischen Bürgermeister und Gemeinderat noch verbesserungsfähig ist, zeigt die Tatsache, daß etwa jeder siebte Bürgermeister (14 %) davon ausgeht, daß *einzelne* Gemeinderäte nur den „Abschuß" des Bürgermeisters im Hinterkopf haben. In mehr als N=150 Gemeinden in Baden-Württemberg sitzen demnach „Heckenschützen", die den Versuch unternehmen, ihr Orts- bzw. Stadtoberhaupt abzusetzen. Am „ungefährlichsten" geht es in Dörfern mit weniger als 2 000 Einwohnern zu; hier wittern „nur" 9 % der Bürgermeister eine Gefahr. Ab einer Einwohnerzahl von 2 000 ist es in allen Gemeinde- und Stadträten gleichermaßen „gefährlich". Die meisten diesbezüglichen Befürchtungen haben Bürgermeister in ihrer *ersten* und *zweiten* Amtsperiode: Etwa 15 % glauben an einen „Putsch". Bei älteren Bürgermeistern – ab der *dritten* Amtsperiode – sinkt die Gefahrenquote auf 12 %. Entweder verliert sich die vermeintliche Angst, oder die Übeltäter waren erfolgreich und haben den Bürgermeister „geschaßt", so daß dieser nicht noch einmal kandidierte.

Der schwierigere Umgang mit dem Gemeinderat heutzutage könnte auch daraus resultieren, daß die Gemeinde- bzw. Stadträte in den letzten Jahren zunehmend *kritischer* wurden – dieser Meinung widersprachen nur 12 % der Bürgermeister. Die kritischere Haltung der heutigen Gemeinderäte ist möglicherweise Ausdruck einer egoistischeren Grundhaltung des „modernen" Menschen. Eine Gießener Arbeitsgruppe hat bei repräsentativen Vergleichsstudien festgestellt, „daß sich die erwachsenen Deutschen im Westen seit 1975 deutlich in Richtung eines egozentrischen Durchsetzungswillens bei gleichzeitigem Rückgang von sozialer Sensibilität und selbstkritischer Reflexion entwickelt haben." (Richter 1995, S. 189) Nicht wenige Bürgermeister berichteten, daß sie zuweilen den Eindruck haben, daß es einigen Gemeinde- bzw. Stadträten oft nur noch um „ihre" Sache und weniger um das Gemeinwohl geht.

Hinzu kommt, daß manche Gemeinderäte befürchten, in der Bevölkerung als „Kopfnicker" stigmatisiert zu werden, die im Gemeindeparlament nichts bewirken. Um diesem negativen Ruf zu entgehen, denken sie zuweilen „quer" – was natürlich auch außerordentlich nützlich sein kann – und bringen „reißerische" Argumente ein, die medienträchtig aufbereitet werden. Insofern hängt die schwierigere Lage in den Gemeinderäten auch mit den Praktiken der Medien zusammen, die aus eigensüchtigen (Verkaufs-) Gründen Un- und Außergewöhnliches eher publizieren als „normale Vorgänge".

Gemeinderäte, die selbst Angst haben, machen gerne auch dem Bürgermeister Angst. Hinter jeder Drohgebärde eines Gemeinde- oder Stadtrates steckt ein ängstlicher Mensch.

Parteipolitische Erwägungen spielen bei den im Gemeinderat entstehenden Konflikten eine untergeordnete Rolle. Nur in 15 % der Gemeinde- bzw. Stadtparlamente sind par-

teipolitische Überlegungen bei Entscheidungen „wichtig"
bzw. „sehr wichtig". Es zählen – so 78 % der befragten Bürgermeister – vor allem Sachargumente.

Je größer die Gemeinden bzw. Städte, desto eher spielen
parteipolitische Entscheidungen im Gemeinde-/Stadtrat
eine Rolle. So berichten nur 4 % aller Bürgermeister von
Gemeinden mit weniger als 2 000 Einwohnern, daß in ihren
Gemeinderäten parteipolitische Entscheidungen „wichtig"
oder sogar „sehr wichtig" sind. Bei Gemeinden mit 2 000 bis
5 000 Einwohnern waren dies 8 %, bei solchen mit 5 000 bis
10 000 Einwohnern 19 %, bei Gemeinden mit 10 000 bis
20 000 Einwohnern bereits 25 % und bei Städten mit mehr als
20 000 Einwohnern 43 %. Dieses Ergebnis zeigt, daß Probleme von Bürgermeistern oftmals von der Einwohnerzahl der
Gemeinden abhängig sein können.

Verständlich ist, betrachtet man die angesprochenen
Punkte, daß immerhin knapp zwei Drittel (63 %) aller Bürgermeister die Schlußfolgerung ziehen, daß die Arbeit im
Gemeinderat im Laufe der Zeit schwieriger wurde. In kleineren Gemeinden (unter 2 000 Einwohnern) scheint die
Welt noch am ehesten in Ordnung zu sein, denn hier stimmen lediglich 54 % der Befragten diesem Item zu. In Gemeinden mit mehr als 5 000 Einwohnern glauben 67 %, daß
die Arbeit im Gemeinde- bzw. Stadtrat im Laufe der Zeit
schwieriger wurde. Die angesprochene Tendenz verdichtet
sich, wenn wir das Urteil von älteren Bürgermeistern betrachten: 91 % aller Bürgermeister, die in der vierten oder
fünften Amtsperiode waren, sind der Meinung, daß früher
die Zusammenarbeit mit dem Gemeinderat angenehmer
war. Von den Bürgermeistern in der ersten Amtsperiode
meinten dies „nur" 54 % – doch diese Gruppe hat kaum einen verläßlichen Vergleichsmaßstab. Die Arbeit mit dem
Gemeinderat kann in diesem Zusammenhang so gesehen
werden wie in anderen Institutionen, z. B. Schule, Hochschule, Betriebe usw. Auch hier sind im Laufe der Zeit die
zwischenmenschlichen Beziehungen „kälter" geworden
(vgl. Schwind 1995).

Die Erkenntnis, daß die heutigen Gemeinderäte ihren Bürgermeistern mehr Kopfzerbrechen als früher bereiten, stellt ein multifaktorielles Problem dar. Wichtig ist, daß die Ursachen in den einzelnen Gemeinderäten klar analysiert werden; nur so können erfolgreichere Verhaltensmuster des Bürgermeisters zum Gemeinderat entwickelt werden.

3.2.2. Bevölkerung

Die vielfältigen Berührungspunkte und Auseinandersetzungen mit der Bevölkerung sind für Bürgermeister nicht wesentlich weniger anstrengend als die Arbeit mit dem Gemeinderat – die Belastungsaspekte mit diesem Personenkreis sind nur anders gelagert.

Bürgermeister belastet es, daß ihre Privatsphäre durch ihr öffentliches Amt stark eingeschränkt ist; hierauf weisen 64 % hin. Dieses „Merkmal" stellt – neben dem Argument einer zu starken zeitlichen Beanspruchung im Amt (s.o.) – immerhin die *zweit*wichtigste Belastungsquelle dar, die den Bürgermeistern an ihrem Amt deutlich *miß*fällt. Dem Item *„Wer Bürgermeister ist, hat nur noch wenige Freiräume, in denen er privat leben kann"*, widersprechen nur 8 % der Bürgermeister – 82 % stimmen ihm zu (10 % konnten sich nicht entscheiden). Überraschenderweise hängt der Mangel an Privatsphäre nicht von der Gemeindegröße ab. Sowohl Bürgermeister in kleineren Gemeinden als auch in größeren fühlen sich durch ihr öffentliches Amt in privater Hinsicht stark eingeengt.

Ortsoberhäupter in der *ersten* Amtsperiode beklagen sich über den angesprochenen Punkt etwas stärker (67 %) als ihre Kollegen in der *dritten* oder *weiteren* Amtsperiode (61 %).

Auf einen anderen Zusammenhang weisen ebenfalls etwa zwei Drittel (65 %) der Befragten hin: *„Im Mittelpunkt einer Gemeinde zu stehen"* bringt für Bürgermeister mehr Nach- als Vorteile. Daß die gesellschaftliche Stellung in einer Gemeinde den Bürgermeistern Genugtuung verschafft, wird von diesen an-

ders – als vielfach von der Bevölkerung angenommen – einge-
schätzt. Nur 4 % der baden-württembergischen Bürgermeister
gaben an, daß die hohe gesellschaftliche Stellung in der Gemeinde ihnen Freude und Genugtuung bereite.

Die überwiegend negative Einschätzung hängt vermutlich damit zusammen, daß Bürgermeister von den Einwohnern ihrer Gemeinde auch in ihrer Freizeit eher als „Funktionär" und weniger als Privatperson gesehen werden.

Bei der Frage, ob sie in dienstlichen Angelegenheiten auch
zu Hause angerufen werden, antwortet nur 1 % der Bürgermeister mit *„nie"*. Selbst zu Hause können Bürgermeister
nicht ganz vom Dienst „abschalten". Bei 17 % der Befragten
kommt es vor, daß die Mitbürger ihren Gemeindechef *„häufig"* oder *„sehr oft"* in seiner Privatwohnung mit dienstlichen
Angelegenheiten konfrontieren.

Auffallend oft sind die häuslichen Anrufe in Gemeinden
mit weniger als 2 000 Einwohnern: Immerhin etwa jeder dritte „Dorfschultes" (34 %) in solchen kleinen Gemeinden gab
an, daß er *„häufig"* oder *„sehr oft"* angerufen wird. In Gemeinden mit mehr als 2 000, aber weniger als 5 000 Einwohnern läuten nur noch 16 % den Bürgermeister in dienstlicher
Angelegenheit privat an. Je größer die Gemeinden, desto seltener wird der Bürgermeister auch zu Hause dienstlich angesprochen.

Sicherlich kann in diesem Zusammenhang angeführt werden, daß es für Mitbürger oft schwierig ist, eine Differenzie-
rung von Privat- und Amtsperson vorzunehmen. Andererseits zeigt dieser belastende Umstand, daß Menschen eine
„psychologische Ruhe-, Raum- und Zeitdistanz" benötigen,
ohne die sie nur schwerlich psychisch gesund leben können:
Ein Problem, das für Bürgermeister nicht leicht zu lösen ist –
besonders in einer Zeit, in der das Anspruchsdenken der Bevölkerung sehr hoch ist.

Bürgermeister werden gern auch in die Rolle eines Sün-
denbocks für all das gedrängt, was in einer Gemeinde
schiefläuft. Gerade heute benötigen viele Menschen – da
die eigenen Verarbeitungsmöglichkeiten nachlassen – Sün-

denböcke, auf die sie ihr eigenes Fehlverhalten projizieren können. Von daher ist zu verstehen, daß nicht wenige Gemeindechefs zu Recht die Empfindung haben, daß sie sich anstrengen können, so sehr sie wollen, *es wird immer viele Leute in der Gemeinde geben, die sie nicht mögen"* und die ihre eigenen Unzulänglichkeiten auf sie übertragen. Der Bürgermeister ist deshalb ein „idealer" Sündenbock, weil er einerseits ortsnah, andererseits aber immer noch so fern ist, daß man mit ihm nicht zu sehr privat verkehrt, was möglicherweise die Haltung und Einstellung zu ihm ändern würde.

Jeder fünfte Bürgermeister in Baden-Württemberg beklagt sich darüber, daß er zumindest einmal *anonyme Anrufe* bei sich zu Hause oder im Amt erhielt, mit denen er unter Druck gesetzt werden sollte. Solche anonymen Anrufe gehören zu den belastendsten Momenten im Leben eines Gemeindechefs. Aus persönlichen Gesprächen mit Bürgermeistern wurde deutlich, daß es sogar anonyme Morddrohungen gab, da Einwohner der Gemeinde nicht die Entscheidungen des Gemeinderates akzeptieren wollten. Die *Frauen* von Bürgermeistern haben verständlicherweise Schwierigkeiten, wenn *ihnen* Entscheidungen, die im Gemeinderat getroffen wurden, angelastet werden.

Je größer die Gemeinde, desto eher kommt es zu anonymen Anrufen bei den Bürgermeistern. Immerhin berichten 27 % der Orts- bzw. Stadtoberhäupter aus Gemeinden mit mehr als 20 000 Einwohnern, daß sie bereits anonym angerufen und massiv unter Druck gesetzt wurden. Bei Bürgermeistern in Gemeinden mit weniger als 2 000 Einwohnern waren es „nur" 15 %.

Für einen nicht geringen Teil der Bürgermeister ist der „Zeitungsterror" von recht großer Bedeutung; und mit dieser Methode wurde schon manche Karriere beendet. Es soll einzelne Redakteure geben, die Bürgermeister „regelrecht fertigmachen" wollen.

Ein Bürgermeister erzählte bei einem Bürgermeister-Seminar, daß er morgens keine Zeitung mehr lesen kann, da

Berichte über ihn eh „eine negative Schlagseite" haben. Er habe Angst, morgens die Zeitung aufzuschlagen. Laut Umfrage berichten immerhin 14 % aller Orts- bzw. Stadtoberhäupter, daß Zeitungsmeldungen über ihre Tätigkeit „selten" oder nur „manchmal" positiv ausfallen. Bei einer Differentialdiagnose zeigte sich, daß Gemeindechefs, die länger im Dienst sind, eher mit „schlechten Nachrichten" rechnen müssen als ihre jüngeren Kollegen. So gaben knapp 20 % der Bürgermeister, die sich in der *vierten* bzw. *fünften* Amtsperiode befanden, an, daß Zeitungsmeldungen über ihre Arbeit nur „selten" oder „manchmal" positiv sind.

Für Bürgermeister, die im Rampenlicht der Presse stehen, kann das Leben in der Öffentlichkeit zur Qual werden. Auch von daher dürfte verständlich sein, daß die herausragende Stellung für den Gemeindechef eine psychische Belastung darstellt, da er die Berichterstattung über sich kaum entscheidend beeinflussen kann. – Auf diesem Hintergrund wird etwas deutlicher, warum 84 % aller Bürgermeister „nie" oder „selten" auf Leserbriefe antworten. Der „Zeitungskrieg" ist – so die Meinung der Mehrheit der Gemeindechefs – kein geeignetes Mittel, Probleme sachlich zu lösen.

Was Bürgermeister auch belastet, ist, daß zunehmend mehr Menschen zu ihnen kommen, nicht weil sie ein sachliches Problem zu lösen haben, sondern weil diese *nur mit jemandem sprechen* wollen. Von diesem Phänomen berichtet etwa jeder zweite Bürgermeister (51 %). Gerade der „Dorfschultes" ist oft „Mädchen für alles". Er ist in einer Gesellschaft, die es zunehmend mit einsamen Menschen zu tun hat, im Laufe der Zeit immer mehr zum „Beichtvater", Ansprechpartner und Konfliktmanager geworden.

3.2.3. Verwaltung

Mit den Beschäftigten des Rathauses hat der Bürgermeister in der Regel wenig Schwierigkeiten. Dieser Umstand kann mit seiner Ausbildung zusammenhängen. Für den Bereich

„Rathausbedienstete" hat der Bürgermeister – aufgrund seiner hervorragenden Verwaltungsausbildung – sicherlich die meisten Erfahrungen.

Die überwiegende Mehrheit der Bürgermeister (86 %) bezeichnet die Zusammenarbeit mit den Mitarbeitern in der Gemeindeverwaltung als *„sehr gut"* bzw. *„gut"*. Nur 1 % der Ortsoberhäupter stuft die Zusammenarbeit mit den Bediensteten als *„ausreichend"* ein; für das Urteil *„mangelhaft"* oder *gar „ungenügend"* sprach sich kein einziger der befragten Bürgermeister aus. Lediglich 1 % der Gemeindechefs möchte aus dem Amt deshalb aussteigen, weil die Zusammenarbeit mit der Verwaltung unerfreulich ist.

Je kleiner die zu leitende Verwaltung, desto angenehmer empfindet der Bürgermeister die Zusammenarbeit: Während bei Gemeinden bis zu 2 000 Einwohnern 25 % der Rathauschefs angaben, daß die Zusammenarbeit mit den Mitarbeitern der Verwaltung *„sehr gut"* ist, waren dies nur 8 % bei Städten mit über 20 000 Einwohnern und 11 % bei Gemeinden, in denen 10 000 bis 20 000 Einwohner leben.

Dieses positive Gesamtergebnis, was die erfreulich gute Zusammenarbeit der Bürgermeister mit ihren Mitarbeitern angeht, muß etwas spezifiziert werden, denn immerhin haben 49 % der Bürgermeister *einzelne* Mitarbeiter in ihrem Amt, die sie gerne entlassen würden. Es handelt sich entweder um solche, die keine bzw. kaum Leistung erbringen oder um solche, die durch ihr Verhalten die Harmonie auf dem Rathaus stören. Während in Gemeinden mit mehr als 10 000 Einwohnern 73 % der Rathäuser solche problematischen Mitarbeiter beschäftigen, sind es in Gemeinden mit weniger als 5 000 Einwohnern „lediglich" noch 39 %. Damit zeigt sich, daß es in größeren Organisationsstrukturen leichter ist, sich bei der Arbeit durchzumogeln als in kleineren.

Es gab bei Bürgermeister-Seminaren lebhafte Diskussionen darüber, ob und ggf. wie man ungeeignete Mitarbeiter aus dem öffentlichen Dienst „entfernen" kann. Überwogen hatte die Meinung, daß es ohne eine Änderung gesetzlicher Grundlagen keine *entscheidende* Besserung in dieser Hinsicht gibt. Für Rathauschefs ist es nicht leicht, derartige Mitarbeiter zu isolieren oder gar zu entlassen.

Auch mit ihren Hauptamtsleitern verstehen sich Bürgermeister in der Regel gut: Immerhin 70 % der Gemeindeoberhäupter sind der Meinung, daß diese eine *„gute Arbeit"* verrichten. Die besten Hauptamtsleiter gibt es nach der vorliegenden Befragung in „mittleren" Gemeinden mit 2 000 bis 10 000 Einwohnern.

Insgesamt scheint der Rathauschef bei der Aufgabe, seine Mitarbeiter im Amt zu motivieren, erfolgreich zu sein. 60 % der Bürgermeister versuchen psychologisch geschickt, die Selbständigkeit und die persönliche Entfaltung der Mitarbeiter zu fördern. Diese Bürgermeister haben verstanden, daß eine Psychologie, die an die „höheren Werte" des Mitarbeiters appelliert, diesen stärker motiviert als äußerer Druck.

Des weiteren werden die bewährten Prinzipien der *„Delegation von Aufgaben"* und der *„Bewältigung von Aufgaben mit Hilfe der Teamarbeit"* von etwa einem Drittel der Bürgermeister eingesetzt.

Organisatorische Arrangements – wie zum Beispiel *„Motivation durch Flexibilisierung der Arbeitszeit"*, *„Motivation durch interessantere Gestaltung des Arbeitsplatzes"* – sind auch auf den Rathäusern im Hinblick auf die Motivierung von Mitarbeitern weniger wirksam, wie bereits andere Erfahrungen im betriebspsychologischen Bereich gezeigt haben.

3.3. Zur Honorierung der Arbeit

Etwa jeder fünfte Bürgermeister in Baden-Württemberg (21 %) ist mit seinem Gehalt *„unzufrieden"* oder sogar *„sehr unzufrieden"*; weitere 34 % sind nur *„teilweise zufrieden und teilweise unzufrieden"*. Aus diesem Befragungsergebnis kann geschlossen werden, daß nicht einmal die Hälfte der baden-württembergischen Rathauschefs mit ihrem Gehalt einverstanden ist. Bei der Frage, was geändert werden soll, um das Amt eines Bürgermeisters attraktiver zu gestalten, votierten

46 % der Gemeindeoberhäupter für ein höheres Einkommen. Am unzufriedensten ist der „Dorfschultes" in kleinen Gemeinden unter 2 000 Einwohnern: Weniger als 3 % der Befragten stimmen der Aussage zu: *Ich bin mit meinem Gehalt als Bürgermeister sehr zufrieden*".

Die Unzufriedenheit mit dem Einkommen korreliert mit der Schulbildung der Befragten: Während nur 15 % der Bürgermeister mit einem *Hauptschulabschluß* „unzufrieden" bzw. „*sehr unzufrieden*" sind, waren dies bereits 24 % der Rathauschefs mit *Fachhochschulreife* und 22 % der Bürgermeister mit der sogenannten „*Mittleren Reife*".

Auch das Alter der Gemeindeoberhäupter steht im Zusammenhang mit der Zufriedenheit, was das Gehalt angeht: Bei den unter 30-Jährigen sind nur 7 % der Bürgermeister mit ihrem Gehalt „*unzufrieden*" bzw. „*sehr unzufrieden*", bei den über 50-Jährigen waren es 16 % und bei den 30- bis 50-Jährigen immerhin 24 %.

In dieselbe Richtung zeigt das Ergebnis im Hinblick auf die Amtsperiode, in der sich der Rathauschef befindet. Am wenigsten zufrieden mit ihrem Gehalt sind Bürgermeister in der *zweiten* und *dritten* Amtsperiode (23 %). Von den Gemeindeleitern, die in der *vierten* bzw. *fünften* Amtsperiode ihren Dienst tun, waren nur noch 10 % mit ihrem Gehalt überhaupt nicht einverstanden.

28 % der Bürgermeister, die sich zum Befragungszeitpunkt noch nicht für eine neue Amtsperiode entscheiden konnten, waren mit ihrem Gehalt „*unzufrieden*" oder „*sehr unzufrieden*". Von den Orts- bzw. Stadtoberhäuptern, die ihren Beruf definitiv nicht wieder ergreifen werden, waren dies immerhin 40 %. Um das Amt des Bürgermeisters attraktiver zu gestalten, müßte auch die Honorierung verbessert werden.

4. Die Situation der Bürgermeister-Familien

Es sind vor allem die Familien von Bürgermeistern, die unter dem Amt leiden. Nur etwa jeder zwölfte Bürgermeister (8 %) kann überhaupt Zeit für seine Familie erübrigen. Am wenigsten Zeit für die Familie haben Bürgermeister in der *dritten* Amtsperiode (3 %), während 7 % der Gemeindeoberhäupter in der *zweiten* und 12 % in der *ersten* Amtsperiode angaben, sich genügend Zeit für die Familie nehmen zu können. 80 % der Bürgermeister äußern, daß sie keine „festen" Zeiten in ihrem Terminkalender eingeplant haben, in denen sie *nur* für ihre Familien da sein können.

Bürgermeistern wird vor allem bei der Frage der Erziehung ihrer Kinder diese „Zeit-Problematik" bewußt: So stimmen 72 % der Rathauschefs folgendem Item zu: *„Wenn ich daran denke, wie wenig Zeit ich für meine Kinder habe, so bekomme ich ein schlechtes Gewissen."* Besonders bei Bürgermeistern in der *zweiten* bzw. *dritten* Amtsperiode (wenn ihre Kinder vermutlich älter sind und dringend für Gespräche einen präsenten Vater brauchen) macht sich bei ihnen ein schlechtes Gewissen bemerkbar (76 %).

Auch bei Einzelgesprächen im Rahmen der Bürgermeister-Seminare war zu erfahren, daß viele Gemeindechefs sich heute mehr Zeit für die Erziehung ihrer Kinder nehmen würden, als sie es bisher getan haben. Insofern ist verständlich, daß 18 % aller Bürgermeister, die nicht mehr für dieses Amt kandidieren wollen oder sich noch nicht für eine erneute Kandidatur entschieden haben, der Meinung sind, daß sie mehr Zeit für ihre Familien brauchen. Es gibt eine Reihe von Bürgermeistern bzw. Oberbürgermeistern, die *lediglich* aus familiären Gründen nicht für eine Wiederwahl zur Verfügung stehen.

Der Vernachlässigung der Familie aus zeitlichen Gründen steht gegenüber, daß die Familie von dem Bürgermeister als „ruhender Pol" gesehen wird, ohne den er sein belastendes Amt nicht ausüben könnte. Die Frau des Rathauschefs, die häufig nicht berufstätig ist (24 % Bürgermeister-Gattinnen sind berufstätig), nimmt an seiner Arbeit in vielfältiger Weise Anteil. Lediglich bei 14 % der Familien von Bürgermeistern erfolgt eine strikte Trennung zwischen seiner Arbeit und jener seiner Frau. 79 % der Bürgermeister stimmten dem Item „*Bürgermeisteramt ist Deine Sache, geht mich* (die Frau) *nichts an*" nicht zu.

Die im Zusammenhang mit dem Amt des Bürgermeisters auftretenden Schwierigkeiten und Probleme werden nicht selten mit der Ehefrau besprochen. Nur 19 % der Gemeindeoberhäupter halten solche Schwierigkeiten von ihrer Familie fern; 58 % hingegen geben an, sie belastende Probleme im Amt mit ihrer Frau zu besprechen. Allerdings reduzieren sich die dienstlichen „Hausgespräche" im Laufe der Zeit. Während in der *ersten* Amtsperiode noch 64 % der Bürgermeister die dienstlichen Schwierigkeiten mit ihrer Frau besprechen, waren dies ab der *dritten* Amtsperiode nur noch 53 %.

Würdigt man den gesamten Umgang des Gemeindechefs mit seiner Familie, so verwundert es kaum, daß es in Bürgermeisterfamilien häufig zu Schwierigkeiten und Konflikten kommt. So gaben 65 % der Bürgermeister an, daß es durch ihre berufliche Beanspruchung auch zu Spannungen in den Familien kommt. Bei dem Item „*Durch die Tätigkeit als Bürgermeister wird auch meine Familie belastet*" antworteten nur 5 % mit „*selten*" bzw. „*nie*", während 59 % die Meinung vertraten, daß ihre Familien „*sehr oft*" bzw. „*oft*" belastet werden. Es entsteht der Eindruck, daß Familien von Bürgermeistern in nicht unerheblichem Ausmaß unter der Last des Amtes leiden.

Zusammenfassung

Die vorliegenden Ausführungen basieren auf einer Befragung von etwa 65 % *aller* baden-württembergischen Bürgermeister: N=722 der insgesamt N=1111 Bürgermeister und Oberbürgermeister in Baden-Württemberg haben den Fragebogen ausgefüllt und zurückgeschickt.

Es zeigte sich, daß die Gemeindechefs hochmotiviert und engagiert an ihre Arbeit gehen. Sie bringen durch ihre Ausbildung und Erfahrung im Verwaltungsbereich beste Voraussetzungen mit, das Amt eines Bürgermeisters erfolgreich auszuführen. Hauptmotiv, das Amt eines Bürgermeisters zu übernehmen, ist die Freude an und die Verantwortung für die vielen Gestaltungsmöglichkeiten in einer Gemeinde.

Die Mehrheit der Gemeindeoberhäupter sieht sich durch zu viele staatliche Vorgaben und einen zu geringen Handlungsspielraum in ihren Aktivitäten eingeschränkt. Wenn man den gerne Verantwortung tragenden Bürgermeistern einen größeren Gestaltungsfreiraum gäbe und sie weniger mit bürokratischen Vorschriften konfrontieren würde, könnte man das Amt des Bürgermeisters wieder attraktiver machen.

Bei seiner *Erst*wahl ist der Bürgermeister in Baden-Württemberg im Durchschnitt 32,5 Jahre alt. Aber bereits 12 % aller Bürgermeister beginnen ihre Arbeit mit 25 Jahren. Fast jeder zweite Bürgermeister (47 %) war 30 Jahre und jünger, als er zum ersten Mal gewählt wurde. Das Durchschnittsalter der heutigen baden-württembergischen Bürgermeister beträgt 46,1 Jahre. Der „Durchschnitts-Bürgermeister" ist 17,6 Jahre im Dienst.

Es ist höchst bedauerlich, daß immer mehr Bürgermeister bereits nach zwei Amtsperioden ihren Dienst beenden. Für die Gesellschaft ist es ein großer Verlust, wenn so viel humanes Kapital verloren geht. Im Interesse einer kontinuierlicheren Arbeit in den Gemeinden sollte den Bürgermeistern Mut gemacht werden, sich länger für dieses Amt zur Verfügung zu stellen. Allerdings sind die Politiker aufgefordert, positive Rahmenbedingungen zu schaffen und die materielle Entlohnung der Bürgermeister ihren höheren Verantwortlichkeiten anzugleichen.

Literatur

Bäuerle, S. u. *Pawlowski, H.-M.* (Hrsg.): Rechtsschutz gegen staatliche Erziehungsfehler. Baden-Baden 1996.

Dieterich, M.: Persönlichkeitsdiagnostik. Theorie und Praxis in ganzheitlicher Sicht. Stuttgart 1996.

Dorsch, F., Häcker, H. u. *Stapf, K.-H.* (Hrsg.): Dorsch Psychologisches Wörterbuch. Bern, Stuttgart, Toronto [11]1991.

Frankl, V. E.: Der Mensch auf der Suche nach Sinn. Zur Rehumanisierung der Psychotherapie. Freiburg, Basel, Wien [3]1973.

Frankl, V. E.: Der Mensch vor der Frage nach dem Sinn. München und Zürich [2]1980.

Fromm, E.: Analytische Charaktertheorie, Band II. München 1989.

Phares, E. J.: Locus of Control. In: London, H. u. Exner, J. E. (Hrsg.), Dimensions of Personality. New York 1978.

Richter, H. E.: Wer nicht leiden will, muß hassen. München 1995.

Rotter, J. B.: Einige Probleme und Mißverständnisse beim Konstrukt der internen versus externen Kontrolle der Verstärkung. In: Mielke, R. (Hrsg.), Interne/Externe Kontrollüberzeugung. Bern, Stuttgart, Wien 1982, S. 43-62.

Schwind, H.-D. u.a.: Gewalt in der Schule. Am Beispiel von Bochum. Mainz 1995.

Norbert Roth

Bürgermeister/in werden –
Ist der „Job" für die jungen
Verwaltungsleute attraktiv?

Der Bürgermeister ist in unserer Gesellschaft und damit zugleich auch in jeder Gemeinde eine zentrale kommunalpolitische Instanz. Ihm obliegen nicht nur die in der Gemeindeordnung übertragenen Grundaufgaben: Nämlich der Vorsitz im Gemeinderat und seinen Ausschüssen, die Leitung der Verwaltung wie auch die Vertretung der Gemeinde. Gestützt auf die Volkswahl hat der Bürgermeister vielmehr auch eine sehr starke politische Funktion. Von der Bevölkerung wird erwartet, daß er diese Aufgabe nicht nur politisch voll ausfüllt, sondern auch auf die Entwicklung seiner Gemeinde einen prägenden Einfluß nimmt. Von der Gestaltungskraft, vom beruflichen Fundament wie auch von der persönlichen Hingabe des Amtsinhabers/der Amtsinhaberin hängt es deshalb oft ab, wie sich eine Gemeinde entwickelt.

Wie attraktiv ist gegenwärtig das Amt des Bürgermeisters für den derzeitigen Beamtennachwuchs? Dies wollte der Verband der Baden-Württembergischen Bürgermeister durch eine konkrete Umfrage bei den Studenten der Hochschule für öffentliche Verwaltung in Ludwigsburg feststellen. Für die gewährte Unterstützung dankt der Verband dem Rektorat der Hochschule.

Bisher war das Amt des Bürgermeisters unbestritten für jeden Nachwuchsbeamten ein höchst erstrebenswertes Ziel. Etwa 90 Prozent der Bürgermeister im württembergischen Bereich kommen aus dem gehobenen Verwaltungsdienst. Die Fachhochschule für Öffentliche Verwaltung war dabei unbestritten eine Kaderschmiede für diese kommunale Verwaltungselite. Der badische Landesteil hatte zwar früher eine andere Tradition, aber in der Gegenwart ergeben sich ganz ähnliche Entwicklungen. Die Bevölkerung schätzte die praktische Erfahrung, die den jungen Verwaltungsbeamten bereits bei ihrer Ausbildung in den Rathäusern vermittelt wird. Die in der Fachhochschule geschaffene Fachkunde war zusätzlich stets ein stabiles Fundament. Und so hatten die Nachwuchsbeamten nicht nur gelernt, mit den Menschen umzugehen, sondern auch überzeugende Lösungen für die täglichen fachlichen Probleme zu finden. Dies gab ihnen nicht nur eine fachliche und persönliche Sicherheit in ihrem Beruf, sondern auch die für den südwestdeutschen Bürgermeister signifikante Unabhängigkeit in seinem beruflichen und politischen Wirken.

Nach wie vor gilt die Gestaltungskraft, die im Amt des Bürgermeister entwickelt werden kann, als höchst attraktiv. Sich für seine Mitmenschen einsetzen zu können, bedeutet eine hohe persönliche Befriedigung. Auch der mit der Wahl verbundene Karrieresprung gegenüber der allgemeinen Verwaltungslaufbahn bildet immer noch einen spürbaren Anreiz.

Indessen haben sich in den letzten Jahren zunehmend auch gegenläufige Bedenken etabliert; nämlich ob es sich noch lohnt, in das Amt des Bürgermeisters zu gehen. Unbestritten gilt diese Tätigkeit als ein aufreibender Job. Die Ansprüche der Bürger werden immer höher, die Gestaltungsmöglichkeiten der Gemeinden immer kleiner. Die politische Willensbildung wird zunehmend langwieriger und schwieriger. Der steigende persönliche Egoismus behindert immer mehr die erforderliche Kompromißbereitschaft, wenn es um einen Ausgleich zwischen den öffentlichen und privaten Interessen geht.

Der Zeitaufwand in der Arbeit des Bürgermeisters ist enorm. Um 50 bis 60 Stunden in der Woche kommt er kaum herum. Dies bedeutet zudem einen 7-tägigen Einsatz in der Woche. Für Entspannung und Erholung bleibt kaum Zeit. Ebenso wird auch immer mehr beklagt, daß die Privatsphäre zuwenig geschützt ist. Auch die Medien und generell die Öffentlichkeit bemächtigt sich des Bürgermeisters in seinem privaten Bereich.

Wie sehen die jungen Leute gegenwärtig das politische Amt des Bürgermeisters? Wie ist es mit ihren Absichten bestellt, in dieses kommunale Führungsamt zu gehen, auf das ja durchaus ihre Ausbildung immer noch ausgerichtet ist? Den Studenten der Hochschule für öffentliche Verwaltung in Ludwigsburg wurde im vergangenen Jahr ein Fragebogen vorgelegt, den 547 Studenten zurückgegeben haben. 205 Antworten entfielen dabei auf männliche, 342 auf weibliche Studierende.

Frage 1 lautete: Wäre es für Sie erstrebenswert, für das Amt des Bürgermeisters zu kandidieren?

Von den männlichen Studierenden antworteten 99 mit ja, 56 mit nein, ohne Antwort 48. Von den weiblichen Studierenden waren 53 für ja, 226 für nein, ohne Antwort 56.

Dies bedeutet, daß bei den männlichen Studierenden knapp die Hälfte Interesse an einer bürgermeisterlichen Tätigkeit hat; zumindest gehen sie mit diesen Gedanken um. Ein Viertel der Studierenden hat sich allerdings schon gegen eine solche berufliche Entwicklung entschieden. Bei den weiblichen Studierenden zeigen allerdings nur 16 % der Befragten Interesse an einer späteren Tätigkeit als Bürgermeister. 67 %, also zwei Drittel, sind ohne Interesse, 17 % haben sich nicht entschieden. Im Grundsatz bestätigt dieses Ergebnis auch die zwar sichtbare, aber doch noch zarte Tendenz von Frauen, sich um das kommunale Führungsamt zu bewerben.

Frage 2 lautete: Glauben Sie, aufgrund Ihrer Ausbildung an der HöV besonders gut qualifiziert für das Amt des Bürgermeisters zu sein?

Von den männlichen Studierenden bejahten dies 149, also 72 %, 32 waren gegenteiliger Meinung, ohne Festlegung 24. Von den weiblichen Studierenden bejahten diese Frage 222, also 66 %, anderer Meinung waren 62, also 18 %, ohne Antwort blieben 55 = 16 %.

Hieraus ergibt sich, daß die Ausbildung an der Hochschule für Öffentliche Verwaltung als eine gute Grundlage für die spätere Tätigkeit als Bürgermeister betrachtet wird. Ebenso zeigt sich, daß die Ausbildung vor Ort schon das Interesse an dieser Tätigkeit weckt, den Studierenden einen ersten Eindruck vermittelt und sie auch zu einer Beurteilung dieser Tätigkeit befähigt.

Frage 3 lautete: Bürgermeister haben drei Funktionen auszufüllen. Welche schätzen Sie als die wichtigste, welche als die zweitwichtigste ein? (Bitte Ziffer 1–3 eintragen).

Von den männlichen Studierenden ergaben sich 442 Wertungspunkte für den Vorsitz im Gemeinderat, also 41 %. Für die Tätigkeit als Chef der Verwaltung wurden 338 Punkte abgegeben = 30 %. Für die Vertretung der Stadt ergaben sich 314 Punkte, also 29 %. Bei den weiblichen Studierenden ergaben sich geringfügige Verschiebungen: Der Vorsitz im Gemeinderat wurde mit 772 Punkten bedacht = 42 %, die leitende Tätigkeit in der Verwaltung mit 591 Punkten = 33 %. Die Vertretung der Gemeinde mit 447 Punkten = 25 %.

Die politische Gestaltungsaufgabe wird also von allen Studierenden in den Vordergrund gestellt. Dies gilt sowohl in der politischen Arbeit für die Bürgerschaft selbst, wie auch für die politischen Entscheidungsgänge im Gemeinderat und seinen Ausschüssen. Hier wird die Funktion als Vorsitzender als maßgebende Position betrachtet.

Die Verwaltungstätigkeit wird ebenso als sehr wichtig anerkannt. Wenn die Gemeinde heute ein unentbehrliches öffentliches Dienstleistungsunternehmen ist, so muß dessen Funktionieren insbesondere durch die Verwaltung sichergestellt werden. Hierfür trägt der Bürgermeister als Chef der Verwaltung eine besondere Verantwortung. Interessant ist, daß die weiblichen Studierenden hier ein größeres Gewicht bekunden als die Männer. Ein gewisser Zusammenhang mit Frage 1 wird damit auch sichtbar.

Die rechtliche und politische Vertretung wird an die dritte Stelle gesetzt. Dies ist wohl auch richtig erkannt. Beim hauptamtlichen Bürgermeister sind diese Aufgaben durch die vorherigen Kompetenzen überlagert. Interessant ist, daß die männlichen Studierenden in der Vertretung der Gemeinden auch mehr Ausdrucksmöglichkeiten für die Ausfüllung des politischen Amtes sehen.

Frage 4 lautete: Wie schätzen Sie die durchschnittliche wöchentliche Arbeitszeit des Bürgermeisters ein? Bei den männlichen Studierenden waren 3 der Meinung, daß die wöchentliche Arbeitszeit weniger als 40 Stunden betrage. Unter 50 Stunden ergaben sich 36 Nennungen = 18 %, bei 50 – 55 Stunden waren es 50 Nennungen = 25 %, von 55 – 60 Stunden 60 Nennungen = 29 %, über 60 Stunden 56 Nennungen = 27 %. Bei den weiblichen Studierenden glaubten 4 an eine wöchentliche Arbeitszeit von unter 40 Stunden = 2 %, unter 50 Stunden 84 Nennungen = 24 %, 50 – 55 Stunden 114 Nennungen = 34 %, 55 – 60 Stunden 78 Nennungen = 23 %, über 60 Stunden 58 Nennungen = 17 %.

Über die Hälfte aller Antwortenden ist damit der Meinung, daß die Arbeitszeit des Bürgermeisters über 55 Wochenstunden liegt. Dabei ist aber auch interessant, daß die männlichen Studierenden die Arbeitszeit des Bürgermeisters erheblich höher einschätzen als die Frauen. Sie sind offenbar eher bereit, mehr Zeit einzubringen.

Die Frage 5 lautete: Was würde Ihnen am Amt des Bürgermeister gefallen? (Bitte vergeben Sie jeweils 0 – 5 Punkte; die höchste Punktzahl für den interessantesten Bereich, die niedrigste für den am wenigsten interessanten):
- Gestaltungsmöglichkeiten; – „Eigener Herr"/Selbständigkeit; – Vielseitigkeit der Aufgaben; – Verantwortung für andere/helfen können; – Kontakt zu Mitmenschen; – Gesellschaftliche Stellung; – Berufliche Karriere; – Einkommen/Verdienst.

Bei der Auswertung der Fragebogen wurde hier eine weitere Aufteilung vorgenommen. Es wurden nicht nur die Antworten nach männlichen und weiblichen Studierenden unterschieden, sondern auch danach, wer sich in Frage 1 für das Amt des Bürgermeisters ausgesprochen hatte und wer dies verneint hatte. Dabei ergaben sich folgende Ergebnisse:

a) Am Amt Interessierte: Eindeutig wurde insgesamt die Vielseitigkeit der Aufgaben für die Tätigkeit des Bürgermeisters am attraktivsten bewertet. Von der männlichen Seite ergaben sich hierfür 3,95 Durchschnittspunkte, von der weiblichen Seite 4,24. Ebenso standen unbestritten die Gestaltungsmöglichkeiten an zweiter Stelle: Im männlichen Bereich mit 3,77 Durchschnittspunkten, im weiblichen Bereich mit 3,53. Danach ergaben sich gewisse Verschiebungen: Von den männlichen Studierenden wurde die Selbständigkeit („Eigener Herr") mit 3,55 Durchschnittspunkten an die dritte Stelle gesetzt, auf der weiblichen Seite erreichte diesen Rang der Kontakt zu Mitmenschen (3,49 Durchschnittspunkte). Umgekehrt an die fünfte Stelle setzten die männlichen Studierenden Kontaktmöglichkeiten (3,22 Punkte), die weiblichen Studierenden dagegen die Selbständigkeit (3,08 Punkte). Auf dem vierten Platz landete der Bereich Verantwortung für andere / helfen können: 3,26 Punkte von der männlichen Seite, 3, 28 von der weiblichen. Auf Platz sechs und sieben standen die berufliche Karriere und die Verdienstmöglichkeiten: Bei den männlichen Studierenden mit 2,77 bzw. 2,60 Punkten, bei den weiblichen Studierenden mit 2,62 bzw. 2,77 Punkten. Auf den achten Platz wurde übereinstimmend die gesellschaftliche Stellung gesetzt und zwar mit 2,21 bzw. 2,02 Punkten.

b) Nicht am Amt Interessierte: Bei den Antwortenden, welche kein Interesse am Amt des Bürgermeisters zeigten, ergaben sich ähnliche Bewertungen. Auch bei ihnen standen die Vielseitigkeit der Aufgaben wie auch die Gestaltungsmöglichkeit an erster Stelle. Die Verdienstmöglichkeiten der Bürgermeister wurden allerdings bei der männlichen Seite etwas höher eingeordnet.

Frage 6 lautete: Was gefällt Ihnen nicht am Amt des Bürgermeisters? (Bitte vergeben Sie jeweils 0 – 5 Punkte.)
– Zuviel zeitliche Beanspruchung/zu wenig Freizeit; – Zuviel psychische Belastung; – Zuviel Belastung der Familie; – Zu wenig Privatsphäre; – Zu langer politischer Willensbildungsprozeß; – Zuviele staatliche Vorgaben/zu wenig

Handlungsspielraum; – Zuviel Bürgerbeteiligung; – Zuviel Parteieinfluß; – Zuviel Repräsentation; – Zuwenig Einkommen.

Auch hier wurde bei der Auswertung unterschieden, welche Studierenden am Amt des Bürgermeisters interessiert sind, welche nicht. Dabei ergab sich folgendes:

a) Am Amt Interessierte: Die meisten Vorbehalte gegen ein Engagement im Amt des Bürgermeisters wurden in zu hoher Belastung für die Familie bzw. zu wenig Privatsphäre gesehen. Die männlichen Studierenden setzten die Belastung für die Familie an erste Stelle (3,26 Durchschnittspunkte), die weiblichen Studierenden gaben diesem Bereich 3,45 Punkte (2. Stelle). Die weiblichen Studierenden hatten die höchsten Vorbehalte beim Schutz der privaten Sphäre (3,51 Punkte gegenüber 3,15 bei den männlichen). An die dritte Stelle der Vorbehalte wurde der hohe zeitliche Aufwand bzw. das geringe Maß an Freizeit gesetzt: Die männlichen Studierenden bewerteten dies mit 2,90 Punkte, die weiblichen mit 2,98 Punkte. Die Einflußnahme durch Parteien wurde von den weiblichen Studierenden auf die vierte Stelle der Vorbehaltsskala plaziert (2,53 Punkte), bei den männlichen auf den sechsten Platz (2,12 Punkte). Umgekehrt setzten die männlichen Studierenden das Zuviel an staatlichen Vorgaben an die vierte Stelle (2,32 Punkte), während die weiblichen Studierenden dies weniger gravierend betrachteten (siebte Stelle mit 2,26 Punkten). An die fünfte Stelle kam übereinstimmend ein Zuviel an psychischer Belastung: Im männlichen Bereich mit 2,20 Punkten, im weiblichen Bereich mit 2,34 Punkten. Die zu langen politischen Willensbildungsprozesse wurden bei den weiblichen Studierenden auf den sechsten Ablehnungsplatz eingestuft (2,32 Punkte), auf der männlichen Seite auf den achten Platz (1,95 Punkte). Ein Zuviel an Repräsentationspflichten landete dagegen auf Platz sieben bei den männlichen Studierenden (2,03 Punkte), bei den weiblichen Studierenden auf Platz acht (1,96 Punkte). Auf dem zweitletzten Platz fand sich bei dieser Befragung ein Zuwenig an Einkommen: Bei den männlichen Studierenden mit 1,7 Punkten, auf der weiblichen Seite 1,32 Punkte. Am offensten waren die Studierenden gegenüber einer Beteiligung von Bürgern: Die Bürgerbeteiligung wurden auf den letzten Platz der Vorbehalte gesetzt, und zwar bei den männlichen Studierenden mit 1,13 Punkten, auf der weiblichen Seite mit 0,85 Punkten.

b) Am Amt nicht Interessierte: Interessanterweise lagen bei den weiblichen wie auch bei den männlichen Ablehnungen die meisten Vorbehalte in der hohen zeitlichen Beanspruchung (3,49 bzw. 3,45 Durchschnittspunkte). An zweiter Stelle rangierte die Besorgnis um zuwenig Privatsphäre (3,49 bzw. 3,30 Punkte). Ebenfalls gemeinsam wurde an dritter Stelle der Ablehnungsskala eine zu hohe Belastung der Familie angegeben (3,34 bzw. 3,21 Punkte). Ein zuviel an psychischer Belastung wurde wiederum beiderseits auf Platz 4 eingestuft (2,57 bzw. 2,55 Punkte). An fünfter Stelle der Ablehnungsskala rückte wiederum beiderseits ein zuviel an Repräsentationsverpflichtungen (2,08 bzw. 2,46 Punkte). Bei den weiblichen Studenten folgten dann auf den Plätzen 6 bis 9 zuviel Parteieneinfluß (1,98 Punkte), zu lange politische Willensbildung (1,69 Punkte), zu viele staatliche Vorgaben (1,69 Punkte) und dann ein zu niedriges Einkommen (1,04 Punkte). Am wenigsten belastend wurde ein zuviel an Bürgerbeteiligung empfunden (0,94 Punkte). Bei den männlichen Studierenden war die Reihenfolge von Platz 6 bis 9: ein zuviel an staatlichen Vorgaben (2,02 Punkte), zuviel Parteieneinfluß (1,98 Punkte), zu lange politische Willensbildung (1,93 Punkte) sowie dann ein zuviel an Bürgerbeteiligung (1,14 Punkte). Von diesem Personenkreis wurde ein zuwenig an Einkommen an die letzte Stelle der Vorbehalte gesetzt (0,95 Punkte).

NORBERT ROTH

Wie wird man Bürgermeister und warum?

Motivationen, Erkenntnisse, Hinweise,
Handlungsanleitungen zum Wahlkampf

Einführung

Was zieht die Bürgermeister in Baden-Württemberg in ihr
verantwortungsvolles Amt? Wie haben sie ihren – erfolgreichen – Wahlkampf gestaltet? Welche Strategien haben sie gewählt? Welche Unterstützung haben Sie vor Ort gesucht und
gefunden? WelcheVeranstaltungen haben sie wahrgenommen, welche Wahlkampfmaterialien eingesetzt? Und was
hat sie dieser Aufwand gekostet?

Die Antworten auf diese interessanten und aktuellen Fragen wollte die Vereinigung der Baden-Württembergischen
Bürgermeister bei ihren Mitgliedern erkunden. Sie hat deshalb bei den Bürgermeistern, welche im Verlauf der Jahre
1993 bis 1995 gewählt worden sind, eine umfangreiche Befragung durchgeführt. Etwa 80 % der Gewählten haben Antworten gegeben, d.h. 148 Kollegen.Im wesentlichen war die
Befragung auf neugewählte Bürgermeister ausgerichtet.
Nichtsdestoweniger haben aber auch einige wiedergewählte
Amtsinhaber den Fragebogen ausgefüllt zurückgesandt.

Die gestellten Fragen waren oft sehr direkt. Deshalb war
freigestellt worden, die Antworten auch anonym zu geben.
Indessen hat sich gezeigt, daß hiervon kaum Gebrauch gemacht worden ist; ein schönes Zeichen dafür, daß innerhalb
des Verbandes nach wie vor ein sehr großes Vertrauen und
eine damit verbundene kollegiale Offenheit herrschen. Allerdings wurde den Antwortenden zugesichert, daß aus ihren
Fragebogen keine individuellen Auskünfte gegeben werden.

Die Auswertung der Sondage hat etwas Zeit beansprucht. Dafür ist sie sehr detailliert erfolgt und nach folgenden Gemeindegrößenklassen gegliedert worden:

| | Antwortbögen | |
	Neuwahl	Wiederwahl
bis 2000 Einwohner,	12	4
2001 bis 5000 Einwohner,	57	13
5001 bis 10000 Einwohner,	25	10
10001 bis 20000 Einwohner,	12	1
über 20000 Einwohner.	9	1

Bei 4 der zurückgesandten Fragebogen waren wegen der gewünschten Anonymität keine Gemeindegrößen genannt worden. Diese Antworten konnten deshalb in die genannten Größenklassen nicht eingereiht werden. Teilweise wurden auch einzelne Fragen nicht beantwortet, so daß sich bei der Summierung der einzelnen Auskünfte nicht immer eine gleiche Endzahl ergibt. Bei der Auswertung sind außerdem die Wiederwahlen dort ausgesondert worden, wo dies geboten war, weil in diesen Fällen in der Tat die Motivation zur Bewerbung anders war und auch für die Gestaltung des Wahlkampfes andere Gegebenheiten vorlagen. Es bleibt zu erwähnen, daß unterlegene, also nicht gewählte Kandidaten kaum erreichbar waren und deshalb auch nicht befragt werden konnten.

Es ist nicht nur interessant, wie die einzelnen Fragen von den neu- bzw. wiedergewählten Bürgermeistern beantwortet worden sind. Vielmehr lassen sich aus den Ergebnissen auch wichtige Schlüsse ziehen, wie ein erfolgreicher, effektiver und zielgerichteter Wahlkampf geplant und gestaltet werden muß.

Die jetzige Veröffentlichung dieser Sondage soll nicht nur Informationen und Ratschläge vermitteln, sondern auch potentielle Kandidatinnen und Kandidaten ermuntern, sich um das attraktive und interessante Amt des Bürgermeisters zu bewerben.

Die Auswertung der Fragebogen

1. Fragenkomplex: Beweggründe

Was sind die wichtigsten Motive, sich um das bürgermeisterliche Amt zu bewerben? Was macht dieses Amt anziehend und attraktiv? Dieser Erkundung diente der 1. Fragenbereich: Was waren Ihre Beweggründe für Ihre Bewerbung?

Aufgezählt waren folgende Motive:

○ Gestaltungsmöglichkeiten
○ „eigener Herr"/Selbständigkeit
○ Vielseitigkeit der Aufgaben
○ Verantwortung für andere / helfen können

○ Kontakt zu Mitmenschen
○ gesellschaftliche Stellung
○ Einkommen/Verdienst
○ ....

5 Beweggründe konnten angekreuzt werden, und zwar mit einer Reihenfolge 1, 2, 3 etc.

Das Ergebnis war folgendes:

Gemeinden von	Einwohner 0 – 2000	2 – 5000	5 – 10000	10 – 20000	über 20000	insgesamt
Gestaltungsmöglichkeiten	3.	1.	1.	1./2.	1.	1. Stelle
Selbständigkeit	2.	3.	2.	3.	4./5.	3.
Vielseitigkeit der Aufgaben	1.	2.	3.	1./2.	2.	2.
Verantwortung/ helfen	6.	4.	4.	4.	3.	4.
Kontakt zu Menschen	4.	5.	5.	5.	4./5.	5.
gesellschaftliche Stellung	7.	7.	7.	7.	6./7.	7.
Einkommen	5.	6.	6.	6.	6./7.	6.

Daneben wurden noch andere Motivationen genannt, wie z.b. neue Herausforderungen, familiäre/private Wechselwünsche oder auch schlechte Arbeitsmarktlage in der Privatwirtschaft

In diesem Bereich ergibt sich eine interessante Anknüpfung an eine andere Befragung, welche der Politikwissenschaftler Hans-Georg Wehling im Jahre 1983/84 in Zusammenarbeit mit der Bürgermeistervereinigung durchgeführt hat. Sie hat ihren Niederschlag in dessen Buch „Der Bürgermeister in Baden-Württemberg" (Kohlhammer-Verlag Stuttgart) mit folgenden Motivierung gefunden:

1. Gestaltungsmöglichkeiten   61,1 %
2. Selbständigkeit   35,0 %
3. Kontakte zu Bürgern   29,1 %
4. Vielseitigkeit der Aufgaben   27,8 %
5. Verantwortung/Eigenverantwortlichkeit   23,4 %
6. Helfen können   22,3 %
7. Unabhängigkeit   12,4 %

mit Benennung von Verdienst, Einfluß, Ansehen in weiterer Nachrangigkeit.

Fazit:

Bei beiden Befragungsaktionen fasziniert das breite Aufgabenfeld des Bürgermeisters mit den Gestaltungsmöglichkeiten in der kommunalen Politik. Dabei wird auch eine hohe Erwartung auf eigenständige Handlungsmöglichkeiten gesetzt. Diese ergeben sich nicht nur aus der verfassungsrechtlichen Stellung des Bürgermeisters, welche ihm den Vorsitz im Gemeinderat und dessen Ausschüssen, die Leitung der Verwaltung wie auch die rechtliche und politische Vertretung der Gemeinde sichert. Auch die Direktwahl verleiht dem Amtsinhaber eine „höhere Weihe" mit der damit verbundenen demokratischen Legitimation und einem hohen gesellschaftlichen Ansehen. Aber auch die soziale Motivation ist ein sehr starker Beweggrund für eine Bewerbung. Er findet seinen überzeugenden Ausdruck in dem Willen, Verantwortung für Mitmenschen zu übernehmen, helfen zu wollen, anderen gute Entfaltungsmöglichkeiten zu schaffen.

Man kann die Frage stellen, ob die heutige aktuelle Situation noch immer mit diesen Befragungen zu vergleichen ist. Zum einen ist die bauliche Entwicklung in den Gemeinden weitgehend abgeschlossen, Neuinvestitionen müssen nicht mehr im früheren Umfange getätigt werden. Auch hat die Entwicklung der Bevölkerung weithin stagniert oder ist bewußt gedrosselt worden. Ebenso sind die wirtschaftlichen Probleme in den Kommunen zu sehen. Die wirtschaftliche Dynamik sinkt. Die Steuerausfälle sind oft eklatant. Eine belastende Arbeitslosigkeit geht damit einher.

Gleichzeitig nimmt der staatliche Dirigismus zu, insbesondere im planerischen und administrativen Bereich. Dazu kommt die bittere Erkenntnis, daß der Staat seine aktuellen Finanzprobleme mit oft hemmungslosen Eingriffen in die kommunalen Finanzen zu lösen sucht und dadurch nicht wenige Gemeinden an den Rand der finanziellen Leistungsfähigkeit drängt.

Auch ist zu erkennen, daß der kommunale Willensbildungsprozeß vielerorts umständlicher und langwieriger wird. Die Gemeinderäte folgen nicht mehr so rasch oder vorbehaltlos ihren Vorsitzenden und der Verwaltung. Die Fraktionen in den Gremien ziehen weniger an einem Strang. Oft überwiegt das parteipolitische Geplänkel; das Gesamtziel gerät aus den Augen. Auch die Bürger werden anspruchsvoller und fordern eine stärkere Beteiligung an den kommunalen Willenbildungsprozessen.

Trotz all dieser Veränderungen bleibt aber offensichtlich: All diese Entwicklungen ändern nichts an Bedeutung, Gewicht und Attraktivität des bürgermeisterlichen Amtes. Brennende Aufgaben in den gesellschaftlichen, kulturellen, wirtschaftlichen, sozialen und ökologischen Bereichen sind in den Gemeinden aktuell und harren gerade vor Ort überzeugender Lösungen.

2. Fragenkomplex: Wahlgemeinde und strategisches Konzept

Welchen Bezug hatten die Kandidaten zu ihrer Gemeinde? Wie haben sie ihre Wahl vorbereitet? Dies sollte der folgende 2. Fragenbereich erkunden. Der erste Fragenteil lautete:

2.a) Bei Neuwahl: Hatten Sie einen persönlichen örtlichen Bezug zur Wahlgemeinde? (Mit dieser Frage konnten auch die Erstkandidaten fixiert werden.)

Die Antworten waren:		ja	nein
Gemeinden	0 – 2000 Einwohner	2	10
	2 – 5000 Einwohner	14	42
	5 – 10000 Einwohner	8	17
	10 – 20000 Einwohner	1	11
	über 20000 Einwohner	1	7
	ohne Angaben	1	3
insgesamt		27	90

Fazit:

Rund drei Viertel der gewählten Bürgermeister kommen von auswärts, hatten also zuvor keine Verbindung zu ihrer späteren Wahlgemeinde. Hier kommt vor allem die württembergische Tradition zum sichtbaren Ausdruck, daß man sich von dem Bürgermeister in der Gemeinde insbesondere Unabhängigkeit wünscht und deshalb schon „vorbeugend" einen auswärtigen Kandidaten bevorzugt. Auch in Baden ist eine solche Tendenz zunehmend feststellbar.

Allerdings schließt dies nicht aus, daß man auch als einheimischer Bürger oder als ein schon in der Gemeinde Tätiger (Gemeinderat oder Verwaltung) seine Chance hat. Immerhin haben ja etwa 25 % der Gewählten eine örtliche Verbindung gehabt. In solchen Fällen sind aber die Wahlaussichten sorgfältig zu prüfen. Es kommt dabei nicht nur auf die persönlichen Verhältnisse, sondern auch auf die jeweilige örtliche Situation an (z.B. Struktur der auftretenden Kandidaten, „Schatten" des seitherigen Bürgermeisters etc.).

Frage 2.b) erkundete: Hatten Sie für die Wahl ein strategisches Konzept? Die Antworten lauteten (ohne Auswertung der Wiederwahlen):

	ja	*nein*
0 – 2000 Einwohner	6	5
2 – 5000 Einwohner	30	23
5 – 10000 Einwohner	16	9
10 – 20000 Einwohner	11	1
über 20000 Einwohner	6	2
insgesamt	69	40

Zu dem strategischen Konzept wurden z.T. sehr konkrete Angaben gemacht:

– z.B. wie will ich die Bürger/Wähler erreichen?
– wie schaffe ich und nütze ich die Verbindung zu den kommunalen Repräsentanten?
– welche Rolle gebe ich den Vereinen? wie binde ich diese in den Wahlkampf ein?
– welches Wahlkampfprogramm will ich aufstellen?
– welche Werbematerialien will ich einsetzen und wie?
– welchen Zeitplan stelle ich für den Wahlkampf auf?
– wie soll meine persönliche Präsenz vor Ort aussehen?

Fazit:

Aus den Antworten ist zu erkennen, daß weit überwiegend nicht spontane Bewerbungen mit Vertrauen auf persönliche Überzeugungs- und Durchsetzungskraft initiiert worden sind. Vielmehr ist eine bewußte und sorgfältige Vorbereitung einer Kandidatur weithin die Regel und selbstverständlich auch zu empfehlen. Dabei ist auch anzuraten, sich sowohl ein griffiges Sach- und effizientes Handlungsprogramm zu erarbeiten, also auch sein Persönlichkeitsprofil den Wählern in klarer Weise zu vermitteln. Seine fachliche und politische Kompetenz herauszustellen, gehört zur eisernen Regel. Auch zeigt die wiederholt geäußerte Erfahrung von gewählten Kandidaten, daß man nur für sich werben soll, weil eine Negativpropaganda gegen Mitbewerber sehr schädlich sein kann.

Nicht abgefragt wurde die strategische, evtl. auch langjährige Vorbereitung, die potentiell interessierten Bürgermeister-Kandidaten dringend anzuraten ist:

– Etwa in der beruflichen Vorbereitung, zumal in Baden-Württemberg weithin Bürgermeister mit Verwaltungserfahrung gewünscht werden. Eine aufbauende Tätigkeit an geeigneter Stelle ist also stets hilfreich.
– Etwa in gesellschaftlichen Engagements (Vereinsfreudigkeit nicht erst bei der Wahl bekunden, sondern schon vorher praktizieren).
– Etwa in der Übernahme sozialer Verantwortung (z.B. in Vereinspositionen oder in sozialen/kirchlichen Bereichen). Hier können auch bewußt Leitungsfunktionen „eingeübt" werden. Ebenso sind die hier gewonnenen Erfahrungen auch für eine spätere kommunalpolitische Verantwortung von großem Wert.
– Etwa in einer rhetorischen Vor-Ausbildung, die für die Kunst der Rede, für Podiumsveranstaltungen oder auch für politische Diskussionen eine wichtige Voraussetzung bildet.
– Etwa in der Frage einer Parteizugehörigkeit. Sucht man einen konkreten Rückhalt in einer Partei, der man sich persönlich verbunden fühlt, oder hält man bewußt Distanz, um gerade auch in Fragen der politischen Unabhängigkeit ohne Bedrängnis zu sein?
– Etwa in der Schaffung gewisser finanzieller Reserven, die angesichts der zu erwartenden Wahlkampfkosten nicht

ohne Gewicht für eine spätere Beweglichkeit und Freiheit sind.

3. Fragenkomplex (Örtliche Unterstützung)

Hatten die gewählten Bürgermeister bei ihrem Wahlkampf eine örtliche Unterstützung gehabt und in welchem Umfang?

Jeder Bewerber muß eine Entscheidung treffen, ob er seinen Wahlkampf allein bestreiten und damit auch seine persönliche und sachliche Unabhängigkeit dokumentieren kann und will. Oft, insbesondere bei größeren Gemeinden, werden dabei aber die persönlichen und finanziellen Kräfte überschätzt oder überfordert. Zudem bieten sich auch Einzelpersonen oder Gruppen als Helfer an. Soll man sie akzeptieren? Wie soll man sie einbinden?

Mit diesem Bereich beschäftigte sich also die folgende 3. Frage:

Hatten Sie Unterstützung durch	allgemeine	persönliche Hilfen	finanzielle
politische Parteien	O	O	O
andere kommunalpolitische Gruppen	O	O	O
sonstige Personengruppen	O	O	O
Einzelpersonen aus der Gemeinde	O	O	O
keine	O	O	O

Ergebnis:

a) Gemeinden bis 2000 Einwohner:

Hier wurde in 2 Fällen eine allgemeine Unterstützung durch eine politische Partei angegeben, ebenso in einzelnen Fällen durch eine Personengruppe oder durch Einzelpersonen. Im übrigen wurden Hilfen nicht genannt bzw. ausdrücklich verneint. Insbesondere ist im finanziellen Bereich bei keiner Wahl eine finanzielle Hilfe erwähnt worden.

b) Gemeinden von 2 – 5000 Einwohner:

Hier wurde in 41 Fällen ausdrücklich ein allgemeine, persönliche oder finanzielle Unterstützung verneint. Ein einziger Bewerber hat eine finanzielle Unterstützung durch eine kommunalpolitische Gruppe erwähnt. Im übrigen wurden teilweise allgemeine oder persönliche Wahlhilfen angenommen.

c) Gemeinden von 5 – 10000 Einwohner:

Hier ist in keinem Falle eine finanzielle Unterstützung erwähnt worden, in 17 Fällen wurde sie ausdrücklich verneint, ebenso bei allgemeiner oder persönlicher Hilfe. Im übrigen sind auch in dieser Gemeindegruppe teilweise allgemeine oder persönliche Hilfen gegeben worden.

d) Gemeinden von 10 – 20000 Einwohner:

Was die finanzielle Seite anlangt, so wurde je zweimal eine Unterstützung durch politische Parteien, Einzelpersonen und/oder durch eine kommunalpolitische Gruppe genannt. In 2 Fällen wurde eine solche Hilfe ausdrücklich verneint. Im übrigen wurde aber hier eher eine allgemeine Hilfe entgegennommen oder gar benötigt.

e) Gemeinden über 20000 Einwohner:

Hier ist in 3 Fällen ausdrücklich eine finanzielle Hilfe durch Parteien genannt worden, zusätzlich auch durch Personengruppen oder Privatpersonen. 2 Bewerber haben ausdrücklich eine solche Hilfe verneint. Im übrigen sind in dieser Größenklasse aber noch stärker allgemeine oder persönliche Hilfen benötigt und verwendet worden.

Fazit:

Je kleiner eine Gemeinde, desto weniger wird eine Unterstützung benötigt. Die Antworten zu dieser Frage zeigen auch, daß allgemeine Hilfen durchaus angenommen worden sind. Hierbei wird wohl auch die „gesellschaftliche Heimat" des Bewerbers dokumentiert und sichtbar gemacht (z.b. in Vereinen, Feuerwehr, Kirche, Jugend etc.). Bei den Großen Kreisstädten sind selbstverständlich die finanziellen Aufwendungen sehr hoch; zudem gelingt es den einzelnen Bewerbern kaum, die ganze Stadt zu beackern, Wahlmaterialien selbst zu verteilen etc. Hier kommen die Bewerber kaum ohne ergänzende Hilfen aus.

4. Fragenbereich: Zur Wahlkampfdauer

In der Tat ist es auch eine wichtige Frage, wie lange ein Wahlkampf dauern soll. Ob er kurz und intensiv oder länger und umfassend angelegt werden soll, muß sehr genau überlegt werden. Dabei ist zu prüfen, welches Zeitbudget ein Bewerber einbringen will und kann. Damit wird zugleich eine Verfügung über die Kräfte getroffen, die in einer solchen Kampagne abverlangt werden. Zudem ist auch zu bedenken, wie lange die Wähler einen Wahlkampf akzeptieren und ertragen.

Mit diesen Überlegungen muß auch die Entscheidung verbunden werden, wann die offizielle Bewerbung in der angestrebten Gemeinde eingereicht werden soll. Die Gemeindeordnung macht hier bestimmte zeitliche Vorgaben. Die Bürgermeisterwahl kann frühestens 3 Monate, spätestens 1 Monat vor einem voraussehbaren Freiwerden der Stelle stattfinden; in anderen Fällen muß sie spätestens 3 Monate danach erfolgen. Die öffentliche Ausschreibung muß spätestens 2 Monate vor der Wahl geschehen. Bewerbungen dürfen frühestens am Tage nach dieser Publizierung eingereicht werden.

Von Bedeutung für die Einreichung der Bewerbung und die damit auch beeinflußte Dauer des Wahlkampfes sind auch die Größe und die Struktur der Gemeinde, die Zahl und die Art der Gegenkandidaten und natürlich auch die eigene Strategie, die man sich vorgenommen hat.

Die Erkundigung nach der Dauer des Wahlkampfes brachte Antworten, welche überraschend differenziert ausgefallen sind. Die zeitlichen Angaben beziehen sich dabei auf die Erstwahl, eine evtl. anschließende Neuwahl ist also nicht einbezogen.

	Gemeinden mit Einwohnern				
	0 – 2000	*2 – 5000*	*5 – 10000*	*10 – 20000*	*über 20000*
1 Woche	1	2	–	–	–
2 Wochen	–	6	2	–	1
3 Wochen	3	10	7	1	–
4 Wochen	4	18	4	2	1
5 Wochen	2	3	5	2	1
6 Wochen	1	8	6	2	1
7 Wochen	1	–	–	1	1
8 Wochen	2	7	3	–	–
9 Wochen	–	2	1	1	–
10 Wochen	1	4	–	1	2
11 Wochen	–	–	1	–	1
12 Wochen	–	2	2	2	2
13 Wochen	–	1	–	-	–
14 Wochen	–	–	1	–	–
15 Wochen	–	–	–	–	–
16 Wochen	–	1	–	1	–

Fazit:

Für die Dauer des Wahlkampfes gibt es offensichtlich keine festen Regeln. Die Erfahrung zeigt aber, daß man seine Kräfte nicht zu schnell verbrauchen darf, sondern bis zum Wahltag interessant bleiben muß und sich dabei möglichst noch ständig steigern sollte.

Selbstverständlich empfiehlt es sich, vor der offiziellen Bewerbung umfassende Abklärungsgespräche mit den örtlichen Kommunalpolitikern, den gesellschaftlichen Repräsentanten und den bürgerschaftlichen Multiplikatoren zu führen. Nach der Kandidatur werden im allgemeinen die öffentlichen Aktionen rasch beginnen – auch mit dem Ziel, baldmöglichst einen umfassenden Bekanntheitsgrad zu gewinnen. Es ist auch zu entscheiden, ob man in dieser Zeitphase schon mit Hausbesuchen beginnt oder diese – falls man sie überhaupt machen will – für den „Endkampf" (evtl. auch erst für die evtl. Neuwahl) zurückhält.

Ebenso ist auch zu überlegen, welchen Kontakt man zu der örtlichen Presse sucht, wie der Umgang mit ihr gestaltet werden soll und wie man sie in sein Wahlkampfkonzept einbinden will.

Sind mehrere Bewerber vorhanden und ist im ersten Wahlgang keine Entscheidung zu erwarten, so empfiehlt es sich dringend, auch eine Konzeption für die mögliche Neuwahl zu entwickeln, welche nach den Vorgaben der Gemeindeordnung 2 bis 4 Wochen später stattfindet und neue Anstrengungen erfordert, zumal jetzt die definitive Wahlentscheidung fällt.

(Hinweis: bei den obigen Zeitangaben sind die Wiederwahlen nicht ausgeschieden. Festzustellen hierzu ist aber, daß in solchen Fällen bei Fehlen von Gegenkandidaten die Wahlkampfzeit sehr kurz ist. Sind aber Mitbewerber vorhanden, so muß in der Regel derselbe Zeitaufwand wie bei neuen Wahlen angenommen werden.)

5. Fragenkomplex: Wahlveranstaltungen

Für die Wahlaussichten und die Wahlkampfstrategie sind die Wahlkampfveranstaltungen von einer entscheidenden Bedeutung. Denn es ist natürlich von besonderer Wichtigkeit, welchen Weg man zum Wähler sucht, dessen Gunst und Vertrauen man gewinnen will.

Ist man schon bekannt im Ort? Und wenn nicht: wie kann man einen hohen Bekanntheitsgrad erreichen? Wie kann und will man seine persönlichen Fähigkeiten und beruflichen Erfahrungen präsentieren? Wie soll man mit seinem Wahlprogramm agieren? Welche kommunalpolitischen Ziele will man in der Gemeinde anstreben?

Wenn von den Kandidaten in aller Regel Bürgernähe als wichtiges und selbstverständliches Handlungsziel propagiert wird, so müssen sie gerade in der Bewerbungszeit auch diese Bürgernähe suchen.

Welche Wahlkampfveranstaltungen sind unumgänglich? Was zieht am meisten? Was ist am effektivsten? Was ist zeitlich machbar? Was erspart zu hohe Kosten? Wo und wie bindet man seine Familie/Ehefrau ein? Dies war Gegenstand des 5. Erkundungsbereiches mit zunächst dieser Teilfrage:

5.a) Welche Wahlveranstaltungen haben Sie wahrgenommen?
Die Antworten ergaben (Wiederwahlen sind nicht aufgenommen): Siehe Tabelle Seite 124.

Ergänzend wurden u.a. noch folgende Veranstaltungen genannt: Nachmittage mit Senioren oder anderen Zielgruppen (z.T. mit Kinderbetreuung), Besuche von Kneipen und Stammtischen, Betriebsbesichtigungen, Lokalradio, persönliches Verteilen von Prospekten.

bei Gemeindegröße	0 – 2000	2 – 5000	5 – 10000	10 – 20000	über 20000 E.
offizielle kommunale Vorstellung	12	54	21	12	9 Fälle
Wahlversammlungen allein	12	54	22	12	9
Wahlversammlungen mit anderen Kandidaten	1	13	9	7	6
Vereinsbesuche	11	42	20	11	7
Stände (Märkte und ähnliches)	–	4	9	8	7
Streetwork	3	9	9	7	4
Hausbesuche	9	41	10	6	9
eigenes Wahlbüro vor Ort	–	–	–	2	5
andere, was?					

Fazit:

Bei praktisch allen Wahlen wurde selbstverständlich die offizielle Kandidatenvorstellung der jeweiligen Gemeinde wahrgenommen. Überall wurden aber auch persönliche Wahlveranstaltungen als absolut notwendig erachtet und durchgeführt. Ähnlich wichtig ist auch der Besuch bei Vereinen bzw. die Besprechung mit Vereinsführern gehandhabt worden. Einen ganz hohen Rang nahmen auch die Hausbesuche ein. Sie sind offensichtlich ein ganz wichtiges Mittel, um Kontakt zu den Einwohnern zu finden und einen unerläßlichen breiten Bekanntheitsgrad in der Bürgerschaft und das Vertrauen der Wähler zu gewinnen. Dabei fällt auf, daß dieses Instrument gerade auch in den größeren Gemeinden und Städten eine wichtige Rolle spielt, obwohl es den Bewerbern dort kaum gelingen dürfte, die gesamte Einwohnerschaft persönlich zu erreichen.

Andererseits läßt sich auch erkennen, daß mit zunehmernder Gemeindegröße die Palette der Wahlveranstaltungen immer vielseitiger wird. Streetwork, Stände, ein Wahlbüro vor Ort müssen hier als weitere Mittel gesehen werden. Zudem muß sich ein Bewerber darauf einstellen, daß von örtlichen Kräften (z.b. Lokalpresse, Stadtjugendring, Handel und Gewerbe oder andere) gemeinsame Diskussionsveranstaltungen mit allen Kandidaten organisiert werden, die gute Präsentationsmöglichkeiten bieten und denen man kaum ausweichen kann.

Was wurde von den Gewählten als am *wirksamsten* betrachtet? Darüber sollte die zweite Teilfrage 5.b) Auskunft geben. Gezeigt hat sich, daß eine schlüssige Antwort außerordentlich schwierig oder gar unmöglich ist. Von vielen Befragten wurde geantwort, daß alle Veranstaltungen erforderlich gewesen seien und diese letztlich in ihrer Gesamtheit gewirkt hätten. Nichtsdestoweniger wurde jedoch klar herausgestellt, daß die offizielle Kandidatenvorstellung der Gemeinde, die eigenen Wahlveranstaltungen, die Hausbesuche und die Beschäftigung mit den Vereinen (in dieser Reihenfolge) von herausragendem Gewicht gewesen seien. Die anderen Inititiaven waren offensichtlich nützlich, dienten aber mehr der Ergänzung der genannten Grundaktivitäten.

6. Fragenbereich: Werbematerialien

Auch bei den Werbematerialien gelten die gleichen Abwägungen. Wen will ich in der Bürgerschaft mit meinen Informationen erreichen? Wie finde ich einen überzeugenden Weg zu den Wählern? Welche Mittel setze ich hierzu ein? Was ist am wirksamsten? Verwende ich farbiges oder uni Papier? Greife ich auf umweltgerechtes Papier zurück (heute selbstverständlich, muß aber sichtbar gemacht werden)? Und nicht zu vergessen: Welche Kosten verursachen die vorgesehenen Materialien, und bewegen sie sich im Rahmen meines Budgets?

Diesen Abwägungen sollte die nächste Erkundung nachgehen. Die erste Teilfrage 6.a) „Welche Werbematerialien haben Sie benutzt?" fand folgende Antworten (Auswertung ohne Wiederwahlen):

in Gemeinden mit	0 – 2000	2 – 5000	5 – 10000	10 – 20000	über 20000 E.
persönliche Prospekte	12	54	25	12	9 Fälle
Plakate	1	7	8	6	9
Handzettel	4	19	7	6	9
persönliche Visitenkarten	3	18	14	10	6
Presseinserate	9	36	20	8	8
andere, welche?					

Ergänzend wurden u. a. Wahlbriefe, Rundbriefe, persönliche Briefe, Gespräche, Familienpräsenz angeführt. Ebenso wurden Pressemitteilungen oder Reklame in Kinos verwendet. Bei der Einbindung der Presse ist zu sehen, daß hierunter nicht nur der Kontakt zur lokalen Zeitung gemeint war, sondern insbesondere auch die Inanspruchnahme und Aktivierung der vorhandenen örtlichen Gemeindeblätter. Letztere wurden insbesondere für Anzeigen aktiviert.

Zum Teil wurden auch originelle andere Initiativen genannt. Wenngleich bei solchen Aktionen eine sehr starke Zurückhaltung zu erkennen war – wohl auch in dem Bemühen, nicht „daneben" zu liegen –, so lassen sich doch folgende praktizierte Aktivitäten hervorheben:

– Verteilung von Rosen mit angebundener Visitenkarte,
– Blumen mit Aufruf zur Wahl (z.B. am Valentinstag),
– Marzipanmohren mit Spruchfahnen,
– Streichholzschachtel mit Aufklebern,
– Aufkleber in unterschiedlichsten Formen, auch über die eigenen Plakate,
– Berücksichtigung saisonaler oder lokaler Besonderheiten (z.B. Adventszeit)
– Verteilung von Bleistiften, Luftballonen, Kugelschreibern mit bestimmten Aufdruck usw.

Dabei gelang es einigen später gewählten Bewerbern, auch eine – gewollte – persönliche Note in den eigenen Wahlkampf hineinzubringen und dadurch die Wähler in einer besonderen und von diesen anerkannten Weise anzusprechen. Nicht abgefragt war, wo Werbebüros oder andere professionelle Berater eingeschaltet worden sind (was selbstverständlich auch die Kosten erhöht). Aus Gesprächen mit Wahlbewerbern ergibt sich jedoch, daß dies in verschiedenen Fällen, allerdings in unterschiedlicher Intensität, geschehen ist.

Welche von diesen Werbematerialien wurden für am wirksamsten erachtet? Dieser Erkenntnis sollte die zweite Teilfrage 6.b) dienen. Aus den Antworten hat sich aber eindeutig ergeben, daß eine präzise Antwort sehr schwierig, wenn nicht gar unmöglich ist. Von allen Antwortenden ist denn auch darauf hingewiesen worden, daß sicher das Zusammenwirken der verschiedenen eingesetzten Werbematerialien den erzielten Wahlerfolg herbeigeführt hat.

Eindeutig wurde in allen Gemeindegrößenklassen darauf hingewiesen, daß der persönliche Wahlprospekt das entscheidende Fundament der Werbung darstellt und für einen Wahlkampf unerläßlich ist. Mit Abstand folgen die Benennung von Inseraten in Presse/Gemeindeblättern, die Verteilung von Handzetteln/Visitenkarten und die Pressearbeit insgesamt. Die Verwendung von Wahlplakaten hat in den größeren Gemeinden erwartungsgemäß mehr Gewicht. Dort sind die Plakate unerläßlich, um einen sonst nicht erreichbaren Bekanntheitsgrad zu gewinnen. Nichtsdestoweniger ist festzuhalten, daß die Verwendung von Plakaten bereits ab der Gemeidegrößenklasse 2 – 5000 Einwohner genannt wird; hier kommt es wohl auch auf das Verhalten der Mitbewerber und evtl. auf Absprachen unter den Kandidaten an.

Fazit:

Bei den Werbemitteln steht den Bewerbern ein breites Instrumentarium zur Verfügung. Dieses zu nutzen, ist Sache eines jeden Kandidaten. Dabei spielen seine persönliche Neigungen, seine Kreativität wie auch die jeweilige örtliche Situation eine große Rolle. Wegen des finanziellen Aufwandes muß eine abgewogene Auswahl getroffen werden. Eindeutig ist zu erkennen, daß ein Grundinstrumentarium verwendet werden muß, um ausreichenden Zugang zu den Wählern zu finden und diesen die notwendigen Informationen zu geben. Hierzu gehören ohne Zweifel die persönlichen Prospekte, Handzettel/Visitenkarten, Inserate. Mit gutem Erfolg lassen sich offenbar auch persönliche Anschreiben verwenden.

7. Fragenkomplex: Wahlkosten

Wie hoch sind die Kosten bei einer Bürgermeisterwahl? Was müssen die einzelnen Kandidaten für ihren Werbefeldzug aufwenden?

Bei der Bürgermeisterwahl tritt jeder Kandidat für sich selbst an. Er muß nicht nur für sich den Wahlkampf gestalten. Zur selbstverständlichen Tradition gehört es auch, daß der Bewerber die Kosten seiner Wahlkampagne selbst bezahlt. Deshalb ist die Entscheidung wichtig, wieviel Geld man ausgeben will oder auch wieviel man aufwenden kann. Bis zu welcher Grenze kann man das erforderliche Budget allein bewältigen? Ab wann ist man auf Hilfe von Dritten angewiesen? Kann man die Mitfinanzierungen akzeptieren oder begibt man sich dabei in Abhängigkeitsfelder und setzt sich späteren Dankbarkeitsansprüchen aus?

Selbstverständlich möchte der einzelne Kandidat so wenig Geld wie möglich ausgeben, also ohne zu großen Aufwand die Wahl gewinnen. Zudem müssen bestimmte wahlprogrammatische Aussagen (z.B. sparsame Verwaltung) mit dem Wahlkampfstil übereinstimmen. Oft geschieht es aber auch, daß sich die Bewerber gegenseitig in unvorgesehene Kosten hineintreiben (z.B. plötzlich Plakatierung, Anzeigenkampagnen u.ä.).

Der 7. Fragenbereich sollte also Auskunft darüber bringen, wieviel Aufwendungen die Gewählten bei ihren Wahlen hatten, also mit welchem finanziellen Einsatz man bei einer Bürgermeisterwahl rechnen muß. Die erste Teilfrage 7.a) lautete also: Welche Wahlaufwendungen hatten Sie (insgesamt und pro Einwohner der Gemeinde)?

Das Ergebnis:

in Gemeinden mit	0 – 2000	2 – 5000	5 – 10000	10 – 20000	über 20000 Einw.
0 – 0,50 DM/E.	–	5	2	1	– Fälle
0,51 – 1,00 DM/E.	–	9	9	2	2
1,01 – 1,50 DM/E	3	7	2	4	1
1,51 – 2,00 DM/E.	2	12	5	5	4
2,01 – 3,00 DM/E.	1	14	5	–	1
3,01 – 5,00 DM/E.	3	7	–	–	–
5,01 – 10,00 DM/E	2	–	–	–	–

Anzumerken ist zunächst, daß bei diesen Zahlenangaben die Wiederwahlen nicht einbezogen sind.

Die Auswertung zeigt, daß die Aufwendungen pro Einwohner in den verschiedenen Gemeindegrößenklassen kaum differenzieren. Der Schwerpunkt der Ausgaben liegt offensichtlich zwischen 1 und 2 DM pro Einwohner. Allerdings spielt auch eine wichtige Rolle, ob man als alleiniger Bewerber antritt. Denn dann lassen sich die Aufwendungen wohl begrenzen. Tritt man dagegen mit anderen Mitbewerbern an, so muß neben einem höheren persönlichen Einsatz auch mit einem größeren Sach- und Finanzaufwand gerechnet werden. Es spielt auch eine große Rolle, ob eine oder gar mehrere Lokalzeitungen am Ort präsent sind; denn dann können die jeweils erforderlichen mehrfachen Anzeigen ganz schön ins Geld laufen. Die Befragung hat aber auch überzeugende Beispiele erbracht, daß man bei Neuwahlen und gegen aktive Mitbewerber mit einem Aufwand von 1 DM pro Einwohner oder gar etwas darunter erfolgreich durchkommen kann. Zudem ist auch zu erkennen, daß die Wähler unter Umständen einen zu hohen Werbeaufwand negativ quittieren.

Die zweite Teilfrage 7.b) lautete: Haben Sie diese *Kosten allein* getragen?

Die Antworten waren klar und eindeutig: Fast alle Bewerber haben die oft beträchtlichen Wahlkampfaufwendungen allein bestritten. Möglicherweise sind auch Familienmitglieder beigestanden. Eine Beteiligung Außenstehender haben bei Gemeinden bis 20000 Einwohner 2 Gewählte, bei Städten über 20000 Einwohner 4 Gewählte angegeben. Damit ist auch eine gewisse Übereinstimmung mit den Antworten zu Frage 3 ersichtlich.

Auch wenn diese Wahlkampfkosten von den Finanzämtern als Werbekosten anerkannt werden und damit zu einer Verminderung der Einkommenssteuer im Wahljahr führen, so bleibt doch das entscheidende Ergebnis deutlich festzuhalten: In Baden-Württemberg nehmen die Bewerber um die Bürgermeisterposten sehr hohe finanzielle Verpflichtungen auf sich, um ihr Wahlziel zu erreichen. Zugleich versuchen sie alles, um den Wahlkampf allein zu finanzieren, damit für die bevorstehende Amtsperiode keine Abhängigkeitsverhältnisse oder Dankbarkeitsansprüche entstehen können.

8. Fragenbereich: Zum Wahlkampf

Bei den Vorbereitungen zur Wahl sind auch Überlegungen wichtig, ob man ein spezielles Wahlprogramm erarbeiten und vorlegen soll oder ob man hierauf verzichten kann und will. In der Regel halten die potentiellen Kandidaten Ausschau nach einer ihnen genehmen und attraktiv erscheinenden Gemeinde. Man führt nach einer persönlichen Vorentscheidung Gespräche mit kommunalpolitischen Persönlichkeiten (dem scheidenden Bürgermeister, Gemeinderäten, Fraktionsvorsitzenden) und auch mit Bürgern, welche gesellschaftliche Gruppen repräsentieren (Vereinsvorsitzende,

Geistliche, Lehrer, Selbständige usw.). Weitgehend wird hierbei die örtliche Situation erkennbar. Ebenso zeigen sich auch die lokalen Bedürfnisse. Aus diesen Erkenntnissen wird i.d.R. eine Verbindung mit den eigenen Vorstellungen hergestellt.

Und damit beginnt die Überlegung für ein eigenes Wahlprogramm. Die Entscheidung reift, ob man dem Wähler nicht nur Informationen über seine persönlichen Verhältnisse und seinen beruflichen Werdegang vermittelt, also sich selbst in den Vordergrund rückt, sondern ob man auch Sachaussagen zur Entwicklung der umworbenen Gemeinde machen soll: etwa zur Infrastruktur, zu den kommunalen Dienstleistungen, der wirtschaftlichen Situation, den Arbeitsplätzen, zu Handel und Gewerbe, der Umlandfunktion der Gemeinde, den örtlichen Finanzen, der bürgerschaftlichen Beteiligung und vielem anderen mehr. Und als weitere Frage muß entschieden werden: beschränkt man sich dabei auf allgemeine Wahlaussagen (wie akzeptieren dies die Wähler?), oder will man konkrete Zielsetzungen nennen (bindet man sich dabei zu sehr?). Daraus ergibt sich die Zusatzfrage, ob sich diese Zielsetzungen später mit dem Gemeinderat und auch finanziell verwirklichen lassen.

Die erste Teilfrage 8.a) war somit: Hatten Sie ein *spezielles Wahlprogramm* vorgelegt?

Die Antworten waren:

in Gemeinden mit	0 – 2000	2 – 5000	5 – 10000	10 – 20000	über 20000 Einw.
ja	7	27	14	10	4 Fälle
nein	4	23	10	2	5

(Die Auswertung bezieht sich nur auf Neuwahlen.)

Fazit:

Überwiegend haben die Bewerber bei ihrem Wahlkampf mit einem speziellen Wahlprogramm gearbeitet. Allerdings ist ebenso zu erkennen, daß eine Großzahl der Kandidaten auf umfassende Sachaussagen verzichtet hat. Sie haben vor allem auf ihre persönliche Vorstellung und ihre allgemeinen beruflichen Aussagen vertraut. Zugleich sind sie dann späteren Verpflichtungen für die kommunale Wahlperiode der nächsten 8 Jahre aus dem Weg gegangen. Offensichtlich lassen sich bei Bürgermeisterwahlen beide Wege gehen. Entscheidungen hierüber müssen von den Bewerbern jeweils im Einzelfall getroffen werden.

Dabei muß auch die Erkenntnis einbezogen werden, daß es im Wahlkampf oft nicht so sehr auf ein sachlich überzeugendes Wahlprogramm ankommt, sondern entscheidend auf persönliche Überzeugung und die damit verbundene Vertrauenswürdigkeit.

Ebenso ist die Frage interessant, ob ein Kandidat mit einem *Slogan* oder auch *Signet* die Wählerschaft gewinnen und auf diese Art und Weise eine einheitliche Werbelinie aufbauen will. Auch diesen Aspekt eines Wahlkampfes wollte die Umfrage mit der weiteren Teilfrage 8.b) ausleuchten. Auf die Frage: Benutzten Sie einen Wahlkampfslogan oder ein Signet? gab es folgende Antworten (ohne eine Berücksichtigung der Wiederwahlen):

in Gemeinden mit	0 – 2000	2 – 5000	5 – 10000	10 – 20000	über 20000 Einw.
ja	4	35	18	10	5 Fälle
nein	7	12	5	2	4

Überwiegend ist also mit einem Slogan bzw. mit einem Signet gearbeitet worden. Mehr als auf ein Wahlprogramm wurde somit offensichtlich auf ein einprägsames Werbeinstrument gesetzt. Allerdings ist aus den Antworten keine durchgehend klare Linie zu erkennen. Bereits bei den Gemeindegrößenklassen fallen die Hinweise ziemlich unterschiedlich aus. Es bleibt wohl festzuhalten, daß es in diesem Punkt sehr auf die individuellen Neigungen der Wahlbewerber ankommt. Dies ist auch dann zu erkennen, wenn man sich die verwendeten Texte und Signets näher anschaut. Zum Teil sind sie sehr sachbezogen ausgewählt, zum Teil mehr personenbezogen bestimmt worden. Zum anderen ist aber auch eine sehr starke und teilweise sehr originelle Kreativität entfaltet worden. Dies mögen nachfolgende Beispiele aufzeigen:

eher sach- bzw. ortsbezogene Slogans:
- Gemeinsamkeit suchend etwa: „ gemeinsam weiter aufwärts", „gemeinsam voran", „gemeinsam mehr erreichen", „gemeinsam für ....(Name der Gemeinde)", „miteinander reden, miteinander entscheiden", „für ein lebendiges und offenes Miteinander" etc
- auf (gemeinsame) Zukunft abhebend etwa: „gemeinsam für eine gute Zukunft", „für eine gemeinsame Zukunft", „Zukunft mit Vernunft", „Die Stadt hat Zunkunft", „neue Ideen für morgen" etc.
- eine Kontinuität betonend etwa: „Bewährtes erhalten, Zukunft gestalten" oder „Zukunft gestalten, Erreichtes bewahren". „Bewahren und entwickeln", „Bewährtes bewahren, gemeinsam neue Wege gehen" usw.
- mit anderer Zielrichtung etwa: „eine Stadt vernünftig gestalten", „alte Zöpfe abschneiden", „verwalten und gestalten" usw.

eher personenbezogene Slogans:
- alle Wähler suchend etwa: „.... (Name des Bewerbers) für .... (Name der Stadt)", „ein Schultes für alle", „ein Bürgermeister für alle Bürger" (wurde öfters verwendet) etc.
- um Vertrauen werbend etwa: „eine Zukunft mit Vertrauen", „Vertrauen und Kompetenz ins Rathaus", „Ihr Vertrauen gegen mein ehrliches Bemühen" etc.
- Tatkraft und Kompetenz herausstellend etwa: „ein Fachmann mit Kommunalerfahrung", „mit Tatkraft und Au-

genmaß für .... (Name der Gemeinde)", „mit Sachverstand und Herz", „mit Ideen und Tatkraft für die Zukunft" etc.

- die Gefühle ansprechend etwa: „ Herz + Zeit + Ohr für alle", „ mit dem Herzen für die Menschen, mit Tatkraft für .... (Name der Gemeinde)", „mit Sachverstand und Herz" etc.
- mit anderen Motiven etwa: „der neue Kopf für ....", „damit es in ..... weiter aufwärts geht", „zuhören und handeln", „mit frischem Wind und neuen Ideen", „Mit uns, für uns, einer von uns".
- weibliche Bewerberinnen hatten u.a. folgende Slogans gewählt: „ eine starke Frau für ....", „ihre Partnerin mit Verantwortungsbewußtsein", „mit Herz und Kompetenz", „Bürgermeisterin in ....".

Es waren aber auch originelle Slogans – mit Erfolg – kreiert worden, etwa:
- in Singen (OB Renner): „ Der Renner für Singen"
- in Reutlingen (OB Dr. Schultes): „ Ein Schultes für Reutlingen"
- in Schenkenzell (BM Schenk): „Schenk für Schenkenzell"
- Teilweise wurden auch Wortspiele im Dialekt entwickelt oder das Ortsschild in das Signet eingebunden.

Die Art der jeweiligen Wahlkampfführung wurde mit der weiteren speziellen Teilfrage 8.c) erkundet: Haben Sie mit *speziellen Stichworten* geworben?, mit welchen?, welche waren am wirksamsten? Die Auswertung ergab, daß hiervon sehr häufig Gebrauch gemacht worden ist. In den nachfolgenden Angaben wurden die Wiederwahlen wiederum nicht einbezogen. Ebenso konnte eine Gliederung nach Gemeindegrößenklassen entfallen, da in allen Bereichen gleiche Aussagen gemacht wurden.

Als Ergebnis kann festgehalten werden:

An 1. Stelle liegen eindeutig Werbetexte bzw. Worte, welche den Bewerber als erfahrenen Verwaltungsfachmann empfehlen. Worthinweise wie erfahren, kompetent, sachkundig, Fachmann, bewährt, solide Ausbildung, praxisbezogen etc. sind also in allen Gemeinden am meisten verwendet und in den Vordergrund geschoben worden.

An 2. Stelle mit etwas Abstand sind Hinweise herausgehoben worden wie unabhängig, parteilos, frei und ähnlich. Insbesondere in kleineren Gemeinden sollte damit eine Unabhängigkeit speziell von Parteien oder doch zumindest eine gewisse Ferne von bürgerschaftlichen Gruppen bekundet werden.

Wiederum mit einigem Abstand folgen an 3. Stelle werbende Hinweise wie tatkräftig, einsatzbereit, dynamisch, engagiert, verantwortungsbewußt, fortschrittlich usw. In allen Gemeindegruppen sollte damit der Erwartung der Wähler in einen fleißigen und arbeitsamen Bürgermeister entsprochen werden.

Auf dem 4. Platz einzurangieren waren Stichworte wie offen, fair, gerecht, sachlich, unvoreingenommen, unbefangen, aufgeschlossen usw. Auch mit diesen Aussagen sollte eine „innere" Unabhängigkeit für die spätere Arbeitsperiode signalisiert werden.

Auf der 5. Rangstufe dieser Benennungen sind Prädikate wie bürgernah, Bürger für alle, gesprächsbereit, vertrauenswürdig, ehrlich, ausgleichend, menschlich, zuverlässig genannt worden. Auch hierbei ging es darum, mit immateriellen, menschlichen Werten das Votum der Wähler zu gewinnen.

Des weiteren wurden auch spezielle Stichworte gewählt wie jung, besondere Ortskenntnis und solche, die auf eine besondere örtliche Situation abhoben oder bestimmte persönliche Eigenschaften des Bewerbers klar herausheben sollten.

Fazit:

Ein breites Spektrum tut sich auf, wenn es darum geht, sich mit prägnanten Bezeichnungen dem Wähler persönlich vorzustellen und damit zugleich möglichst auch programmbezogene Aussagen für die angestrebte Amtszeit zu machen. Jeder Kandidat muß hierbei seine eigenen persönlichen Überlegungen anstellen und Entscheidungen treffen.

Bei der Ergänzungsfrage: welche Stichworte waren am *wirksamsten?* gab es dann doch eine einhellige Wertung: nämlich die genannte Reihenfolge. Dies bedeutet mit anderen Worten, daß in der Regel die Gemeinden einen Bürgermeister suchen, der sich im Bereich der öffentlichen, insbesondere der kommunalen Verwaltung auskennt, der hier möglichst schon Erfahrungen gesammelt und sich bewährt hat. Zugleich wird damit wohl auch die Erwartung verbunden, daß der spätere Amtsinhaber sich mit der staatlichen Verwaltung messen kann und ihr gegenüber die Gemeinde überzeugend und mit Durchsetzungskraft vertreten kann. Dies wird auch durch die Erfahrung belegt, daß annähernd 75 % der Bürgermeister aus dem gehobenen Verwaltungsdienst kommen, also ihr berufliches Fundament in der bewährten Ausbildung an einer der beiden Fachhochschulen für Öffentliche Verwaltung des Landes in Kehl oder in Ludwigsburg geschaffen haben. In den größeren Städten ist eine gleiche Tendenz zu erkennen, wobei eher Juristen mit einer Berufslaufbahn im Öffentlichen Dienst bevorzugt werden.

Aber auch die persönliche und fachliche Unabhängigkeit des Kandidaten spielt eine sehr wichtige Rolle. Dies entspricht der schon erwähnten Tradition in Württemberg, wo man lieber einen auswärtigen Kandidaten wählt, um von vornherein die Unabhängigkeit des Bürgermeisters von örtlichen Gruppen und Cliquen sicherzustellen. Aber auch in Baden, wo man früher eher eine bewährte Ortspersönlichkeit in dieses Amt gewählt hat, ist diese Tendenz deutlich zu erkennen (vgl. hierzu Fragenbereich 2). Für die potentiellen Bewerber ergibt sich deshalb schon in einem früheren Stadium die Frage, ob man einer politischen Partei beitreten und damit ein gesellschaftliches Bekenntnis ablegen soll oder ob man eine solche Bekundung „vorsorglich" unterlassen soll. Selbstverständlich ist dies nur ein Einzelaspekt für eine Kandidatur. Aber auch ein Bewerber, der sich mutig zu einer Partei bekennt, tut nach den allgemeinen Erfahrungen gut daran, im Wahlkampf seine persönliche und fachliche Unabhängigkeit von Partei oder kommunalpolitischer Gruppe in geeigneter Weise und überzeugend zu dokumentieren.

Im übrigen ist bei der Auswertung der Fragebogen auch erkennbar geworden, daß es auch örtliche Sondersituationen gibt, welche die Bewerber besonderen Erwartungen aussetzen. Dies mag in örtlichen Gegebenheiten, in der Zusammenarbeit oder Zerrissenheit der politischen Lager wie auch in der Arbeitsweise des seitherigen Amtsinhabers liegen. Auf solche speziellen Herausforderungen und „Gemütslagen" einzelner Gemeinden sind die Befragten und Gewählten oft mit sehr einfühlsamen Wahlkampfaussagen eingegangen.

9. Fragenbereich: besondere Zielgruppen

In engem Zusammenhang mit der Gestaltung des Wahlkampfes stand auch die Frage, ob die Wahlbewerber bei ihren Wahlkampagnen besondere Zielgruppen angesprochen haben und ob dies für die Wahlentscheidung von besonderer Wichtigkeit war.

Zwingend und unbestritten ist auf jeden Fall, daß man sich an die Gesamtbevölkerung wendet; denn man möchte von dieser ja gewählt werden. Zugleich will man aber auch später ein Bürgermeister für alle Einwohner sein. Dies ist die absolut bestimmende Ausgangslage.

Aber trotzdem stellen sich die Bewerber richtigerweise und immer wieder der Frage, ob man bestimmte Zielgruppen ansprechen soll. In Frage kommen evtl. spezielle Altersgruppen, Sozialbereiche, Ortschaften, Wohnviertel, Neubürger und andere (etwa unzufriedene Bürger).

Das Ergebnis der Befragung war zunächst eindeutig und wie erwartet: Bei allen Wahlen wurde immer die gesamte Bevölkerung als Zielgruppe angesprochen. Dies ist ein unabdingbares Erfordernis für einen Wahlerfolg. Aber es bleibt auch festzuhalten, daß von den Gewählten durchaus spezielle Zielgruppen angesteuert und angesprochen wurden, und zwar in folgender Reihenfolge:

Vereine	24 Nennungen
junge Mitbürger	21 Nennungen
Senioren	15 Nennungen
Gewerbe/Handel	9 Nennungen
junge Familien	9 Nennungen
Frauen	8 Nennungen.

Zum Teil wurden auch bestimmte Gruppen entsprechend den örtlichen Verhältnissen angesprochen, wie z.B. Landwirte, Umweltgruppen, Aussiedler, soziale Randgruppen und andere.

Fazit:

Die Wahlwerbung muß sich immer und ohne Einschränkung an die gesamte Bevölkerung richten. Zudem kann es unter Umständen sehr hilfreich sein, auch einzelne Gruppen anzusprechen. Man erschließt sich diese Bereiche in besonderer Weise und kann dadurch z.T. auch einen vielleicht entscheidenden Vorsprung vor anderen Mitbewerbern gewinnen.

10. Fragenteil: Kandidatenprofil

Diese Erkundung sollte die Umfrage bei den gewählten Amtsinhabern abrunden. Sie lautete: Was hielten Sie für die entscheidenden Anforderungen an die Kandidatur?

Bei den Antworten ergab sich eine etwas erstaunliche Verwandtschaft zur Frage 8 c), wenngleich sich auch gewisse Nuancen zeigten.

Als mit Abstand wichtigstes und wohl meist entscheidendes Profil wurde in allen Gemeindegrößeklassen „Fachmann" und „Berufserfahrung" genannt. Als nächstes Erfordernis wurde mit deutlicher Gewichtung die „Vertrauenswürdigkeit" hervorgehoben, mit welcher es das Votum der Wähler zu gewinnen gilt. Als drittes folgte die „persönliche Erscheinung", welche offensichtlich nicht unterschätzt werden darf. Dann wurden Unabhängigkeit, Offenheit und Kontaktwilligkeit als entscheidende Anforderungen angeführt. Redegewandtheit, Sachlichkeit und Menschlichkeit folgten sodann in dieser Rangliste, ergänzt mit weiteren Hinweisen wie Familienstand, Lebenserfahrung, Offenheit und andere.

Anhang: Fragebogen

Verband Baden-Württembergischer Bürgermeister

Umfrage 1995
zu Bürgermeisterwahlen

1. Was waren die Beweggründe für Ihre Bewerbung?
    (bitte kreuzen Sie 5 Punkte – mit Reihenfolge 1, 2, 3, – an)

    O Gestaltungsmöglichkeiten

    O „eigener Herr" / Selbständigkeit

    O Vielseitigkeit der Aufgaben

    O Verantwortung für andere / helfen können

    O Kontakt zu Mitmenschen

    O gesellschaftliche Stellung

    O Einkommen / Verdienst

    O ....

2. Bei Neuwahl
    Hatten Sie einen persönlichen örtlichen Bezug zur
    Wahlgemeinde?

    O ja   O nein

    Hatten Sie für die Wahl ein strategisches Konzept?

    O ja   O nein
    bei ja: welches? (bitte erläutern)
    ....
    ....

3.   Hatten Sie Unterstützung durch

	allgemeine	persönl.	finanz. Hilfen?
politische Parteien	O	O	O
andere kommunal- polit. Gruppen	O	O	O
sonstige Personen- gruppen	O	O	O
Einzelpersonen aus der Gemeinde	O	O	O
keine	O	O	O

(bei ja, bitte jeweiliges Kästchen ankreuzen)

4.   Wahlkampfdauer:

.... Wochen

5.   Wahlveranstaltungen
     a) welche haben Sie wahrgenommen?

     O   offizielle kommunale Vorstellung
     O   Wahlversammlungen allein
     O   Wahlversammlungen mit anderen Kandidaten
     O   Vereinsbesuche
     O   Stände (Märkte und ähnliches)
     O   Streetwork
     O   Hausbesuche
     O   eigenes Wahlbüro vor Ort
     O   andere, was? ....

     b) was war am wirksamsten? (bitte Reihenfolge)

     1. ....
     2. ....
     3. ....
     4. ....

6. Werbematerialien:
    a) welche haben Sie benutzt?

    ○ persönliche Prospekte
    ○ Plakate
    ○ Handzettel
    ○ persönliche Visitenkarten
    ○ Presseinserate
    ○ andere, welche? ....

    b) was war am wirksamsten? (bitte Reihenfolge)

    1. ....
    2. ....
    3. ....
    4. ....

7. Welche Wahlaufwendungen hatten Sie?

    a) Wahlaufwendungen insgesamt .... DM
       pro Einwohner .... DM

    b) Kosten allein getragen? ○ ja   ○ nein

8. Zum Wahlkampf

    a) hatten Sie ein spezielles Wahlprogramm vorgelegt?
       ○ ja   ○ nein

    b) benutzten Sie einen Wahlkampfslogan oder ein Signet?
       welches: ....

    c) haben Sie mit Stichworten geworben
       (z.B. erfahren, vertrauenswürdig etc.)?
       mit welchen ....
       welche waren am wirksamsten ....

    d) gab es besondere Wahlkampfthemen?
       welche: ....

9. Haben Sie besondere Zielgruppen angesprochen?

welche: ....

war dies für die Wahl von besonderer Wichtigkeit?

○ ja   ○ nein

10. Kandidatenprofil:
    Was hielten Sie für die entscheidenden Anforderungen
    an die Kandidatur?

    ....

    ....

11. Statistik:

    a) Gemeinde: ....
    b) Größe der Gemeinde: .... Einwohner
    c) Ihr Lebensalter bei der Wahl: ....
    d) Ihr Familienstand: ....
    e) Ihr vorheriger Beruf: ....
    f) Ihr Name: ....

    (Anmerkung: wenn Anonymität gewünscht,
    bedarf es keiner Antwort bei 11a und 11f)

    – Vielen Dank für Ihre Mithilfe –

Fragebogen
an

Bürgermeister/Oberbürgermeister
in Baden-Württemberg

Fragen 1–63   gestellt von
            Dipl.-Psychologe Dr. Siegfried Bäuerle

Fragen 64–72 gestellt von
            Dipl.-Pädagogin Gudrun Fröhner

Hinweis: Um eine korrekte Aussage bei der Fragebogenaktion machen zu können, bitten wir freundlichst um ein vollständiges Ausfüllen dieses Fragebogens.

Vorbemerkung: Wenn der eine oder andere Gesichtspunkt, auf den in diesem Fragebogen nicht eingegangen wurde, Ihrer Meinung nach noch zu beachten ist, dann bitten wir Sie höflich darum, eine Notiz am Ende dieses Fragebogens anzubringen.

Herzlichen Dank
Gudrun Fröhner, Siegfried Bäuerle

I. Zufriedenheit/Belastung

1)   Ich würde den Beruf des Bürgermeisters wieder ergreifen

     ○ ja   ○ nein

2)   Wie ich über meine Arbeit als Bürgermeister denke:

     Verantwortung zu übernehmen, gibt meinem Leben
     einen Sinn

     ○ stimme zu   ○ unentschieden   ○ stimme nicht zu

     Ich kann mir Zeit für meine Familie nehmen

     ○ stimme zu   ○ unentschieden   ○ stimme nicht zu

Die Vereinsverpflichtungen (Anwesenheit bei Festen u.a.) gehören zu den unerfreulichen Aktivitäten eines Bürgermeisters

○ stimme zu   ○ unentschieden   ○ stimme nicht zu

Konflikte zu lösen, macht das Amt eines Bürgermeisters interessant

○ stimme zu   ○ unentschieden   ○ stimme nicht zu

Als Bürgermeister habe ich Macht, wichtige Entscheidungen zu treffen

○ stimme zu   ○ unentschieden   ○ stimme nicht zu

Man muß sich als Bürgermeister mit den Schwierigkeiten anderer Menschen herumärgern

○ stimme zu   ○ unentschieden   ○ stimme nicht zu

Als Bürgermeister muß man trinkfest sein

○ stimme zu   ○ unentschieden   ○ stimme nicht zu

Bürgermeister haben bei ihrer Arbeit einen großen Freiraum

○ stimme zu   ○ unentschieden   ○ stimme nicht zu

Bürgermeister müßten für wichtige Entscheidungen mehr Kompetenzen besitzen

○ stimme zu   ○ unentschieden   ○ stimme nicht zu

Wer Bürgermeister ist, hat nur noch wenige Freiräume, in denen er privat leben kann

○ stimme zu   ○ unentschieden   ○ stimme nicht zu

Im Mittelpunkt einer Gemeinde zu stehen, bringt für mich persönlich mehr Vor- als Nachteile

○ stimme zu   ○ unentschieden   ○ stimme nicht zu

Da ich mich selber für den Beruf des Bürgermeisters
entschieden habe, bin ich auch zufrieden mit meinem Amt

○ stimme zu   ○ unentschieden   ○ stimme nicht zu

Als Bürgermeister hat man es heute zunehmend mit
egoistischen Menschen zu tun

○ stimme zu   ○ unentschieden   ○ stimme nicht zu

Hat man als Bürgermeister Entscheidungen zu treffen,
so ist man recht allein

○ stimme zu   ○ unentschieden   ○ stimme nicht zu

3)   Ich bin mit meinem Gehalt als Bürgermeister

    ○ sehr zufrieden   ○ zufrieden   ○ teils z./teils u.
    ○ unzufrieden   ○ sehr unzufrieden

4)   Wieviele Stunden sind Sie durchschnittlich pro Woche
    als Bürgermeister tätig (Rathaus, Sitzungen, Vereine usw.)?

    .... Stunden

5)   Haben Sie neben Ihrem Amt als Bürgermeister noch andere
    Aufgaben übernommen?

    ○ ja   ○ nein

6)   Wenn bei 5) „ja", wieviele Stunden nehmen diese

    wöchentlich in Anspruch? .... Stunden

7)   Meine Tätigkeit als Bürgermeister belastet mich
    ○ nie   ○ selten   ○ manchmal   ○ oft   ○ sehr oft

8)   Durch die Tätigkeit als Bürgermeister wird auch meine
    Familie belastet
    ○ nie   ○ selten   ○ manchmal   ○ oft   ○ sehr oft

9) Die (letzte) Bürgermeisterwahl war für mich eine Belastung

○ sehr starke B. ○ starke B. ○ durchschnittliche B.
○ kaum B. ○ keine Belastung

10) In meinem Amt als Bürgermeister kommt es auch zu Schwierigkeiten

○ sehr oft ○ oft ○ manchmal
○ selten ○ nie

11) Wenn bei 10) „sehr oft", „oft", „manchmal" oder „selten" angekreuzt, wo liegen die Gründe?
(Bitte die vier folgenden Alternativen in eine *Rangfolge* bringen – 1., 2., 3., 4.)

○ in der Zusammenarbeit mit den Mitarbeitern/innen

○ in der Zusammenarbeit mit dem Gemeinde-/Stadtrat

○ in der Zusammenarbeit mit der Bevölkerung

○ in meiner Person

II. Aus- und Weiterbildung

12) Bürgermeister müßten – vor oder zu Beginn ihrer 1. Amtsperiode – besser auf ihre Tätigkeit vorbereitet werden

○ ja ○ nein

13) Wenn bei 12) „ja", in welchem Bereich vor allem?
(bitte nur *eine* Ankreuzung)

○ im betriebswirtschaftlichen Bereich

○ im rechtlichen Bereich

○ im psychologischen Bereich

○ sonstiger Bereich (bitte angeben): ....

14) Für Bürgermeister müßten mehr berufsbegleitende
Weiterbildungsmöglichkeiten angeboten werden

○ ja   ○ nein

15) Wenn bei 14) „ja", in welchem Bereich vor allem?
(bitte nur *eine* Ankreuzung)

○ im betriebswirtschaftlichen Bereich
○ im rechtlichen Bereich
○ im psychologischen Bereich
○ sonstiger Bereich (bitte angeben): ....

16) Ohne eine Ausbildung im Verwaltungsbereich kann man
kein „guter" Bürgermeister werden

○ stimme zu   ○ stimme nicht zu

17) Ein „guter" Bürgermeister
(bitte die für Sie *drei wichtigsten Punkte als Reihenfolge*
kennzeichnen (1., 2., 3.))

○ ist ein Managertyp
○ ist ein Verwaltungsfachmann
○ hat juristischen Sachverstand
○ kann mit Menschen psychologisch gut umgehen
○ kennt sich im handwerkl./technischen Bereich aus
○ muß sprachl. u. darstellerische Fähigkeiten haben
○ muß eine Kämpfernatur sein, sich durchsetzen
○ Sonstiges: ....

18) Welche Eigenschaften hat Ihrer Meinung nach ein „schlechter"
Bürgermeister?
(Bitte kreuzen Sie die *drei negativsten Eigenschaften –
als Reihenfolge* gekennzeichnet (1., 2., 3.) – an!)

○ ungesellig (läßt sich kaum auf Festen sehen...)
○ unehrlich (setzt Bauhof privat ein...)

○ ängstlich (traut sich nicht, seine Meinung zu sagen)

○ ungerecht (hat Lieblingsmitarbeiter ...)

○ arrogant (zeigt jedem, daß er der Größte ist ...)

○ hinterhältig (versucht Gemeinderäte reinzulegen ...)

○ untreu (verläßt Frau und Kinder ...)

○ aggressiv (beschimpft andere, greift sofort an ...)

○ unfreundlich (grüßt seine Bevölkerung nicht ...)

○ trinkt gerne Alkohol (hat ab und zu einen Rausch ...)

○ unglaubwürdig (sagt Dinge, die nicht stimmen ...)

○ tyrannisch (setzt seine Mitarbeiter unter Druck ...)

○ unzuverlässig (hält Termine nicht ein ...)

19)   Die Persönlichkeit eines Menschen ist entscheidend,
      ob man ein „guter" Bürgermeister ist

      ○ stimme zu   ○ stimme nicht zu

III. Einstellung zum Amt

20)   Wie ich mich als Bürgermeister sehe:

      Es liegt vor allem am Bürgermeister, ein gutes Betriebsklima
      in seiner Verwaltung zu schaffen

      ○ stimmt   ○ stimmt nicht

      Wenn ich mich auf die Gemeinderatssitzung gut vorbereite,
      kann im Grunde nichts „schiefgehen"

      ○ stimmt   ○ stimmt nicht

      Erfolg zu haben in meiner Gemeinde hängt von meinen
      eigenen Fähigkeiten ab

      ○ stimmt   ○ stimmt nicht

Für viele Schwierigkeiten, die ich mit meinen Gemeinderäten habe, bin ich nicht selbst verantwortlich

○ stimmt   ○ stimmt nicht

Wie sehr ich mich als Bürgermeister auch anstrenge, es gibt immer recht viele Leute in der Gemeinde, die einen nicht mögen

○ stimmt   ○ stimmt nicht

Ich habe oft gemerkt, daß Dinge in meiner Verwaltung einfach geschehen, ohne daß ich daran etwas ändern kann

○ stimmt   ○ stimmt nicht

IV. Mitarbeiter

21) Es gibt mehrere Möglichkeiten, Mitarbeiter/innen im Amt zu motivieren:
(bitte nur die *drei* für Sie wichtigsten *Möglichkeiten ankreuzen*)

○ Persönliche Entfaltung der Mitarbeiter/innen fördern
○ Motivation durch Erfolgsbeteiligung
○ Flexibilisierung der Arbeitszeit
○ Motivation durch regelmäßige Gesprächsrunden
○ Selbständigkeit fördern
○ Prinzip der Delegation
○ Beteiligung an Zielvereinbarungen
○ Teamarbeit
○ Motivation durch Informationsverhalten
○ Beförderungen
○ Einen faulen Mitarbeiter mal richtig fertig machen hat Signalwirkung für die anderen
○ Konstruktiver Umgang mit Fehlern von Mitarbeitern
○ Motivation durch interessantere Gestaltung des Arbeitsplatzes

22) Die Zusammenarbeit mit den Mitarbeitern/innen meiner Verwaltung ist insgesamt

○ sehr gut   ○ gut   ○ befriedigend
○ ausreichend ○ mangelhaft   ○ ungenügend

23) Es gibt einzelne Mitarbeiter in meiner Verwaltung, die ich gerne aus dem öffentlichen Dienst entfernen würde (bringen keine Leistung, sind Störenfriede usw.), wenn ich die Möglichkeit dazu hätte

○ stimme zu   ○ stimme nicht zu

24) Meine Hauptamtsleiter/innen leisten gute Arbeit

○ stimme zu   ○ teils/teils   ○ stimme nicht zu

V. Gemeinderat

25) Wie ich die Zusammenarbeit mit meinem Gemeinde- bzw. Stadtrat sehe:

Ausgiebige Diskussionen im Gemeinderat bereichern meinen Horizont

○ stimme zu   ○ unentschieden   ○ stimme nicht zu

Es gibt einzelne Gemeinderäte, die haben nur „den Abschuß" des Bürgermeisters im Hinterkopf

○ stimme zu   ○ unentschieden   ○ stimme nicht zu

Mein Gemeinderat macht mir die Arbeit leicht

○ stimme zu   ○ unentschieden   ○ stimme nicht zu

Es ist wichtig, daß Gemeinderäte in der Gemeinderatssitzung möglichst ausführlich diskutieren können

○ stimme zu   ○ unentschieden   ○ stimme nicht zu

Sachargumente zählen bei Diskussionen im Gemeinderat
mehr als parteipolitische Abmachungen

○ stimme zu   ○ unentschieden   ○ stimme nicht zu

In den heutigen Gemeinderäten hat es mehr „Einzelkämpfer"
als früher

○ stimme zu   ○ unentschieden   ○ stimme nicht zu

Die Arbeit mit Gemeinderäten war früher leichter als
heute

○ stimme zu   ○ unentschieden   ○ stimme nicht zu

Mit dem Gemeinderat sollte man auch einmal gemeinsam
zum Essen gehen

○ stimme zu   ○ unentschieden   ○ stimme nicht zu

Lehrer im Gemeinderat gehören zur schwierigeren „Klientel"

○ stimme zu   ○ unentschieden   ○ stimme nicht zu

Vor einer Gemeinderatssitzung fühle ich mich in der
Regel innerlich „angespannt"

○ stimme zu   ○ unentschieden   ○ stimme nicht zu

Gemeinderäte wurden in den letzten Jahren immer kritischer

○ stimme zu   ○ unentschieden   ○ stimme nicht zu

Parteipolitische Erwägungen sind für unsere Gemeinderats-
entscheidungen wichtig

○ sehr wichtig   ○ wichtig
○ weniger wichtig   ○ unwichtig

VI. Bevölkerung

26) In meiner Gemeinde werde ich auch in meiner Freizeit
als Funktionär und nicht als Person gesehen

○ ja ○ teils/teils ○ nein

27) Einwohner meiner Gemeinde rufen mich in dienstlichen
Angelegenheiten auch zu Hause an

○ nie ○ selten ○ manchmal ○ häufig ○ sehr oft

28) Die Erwartungshaltung der Einwohner meiner Gemeinde
ist für mich ein Problem

○ ja ○ teils/teils ○ nein

29) Ich antworte auf Leserbriefe

○ nie ○ selten ○ manchmal ○ häufig ○ immer

30) Zeitungsmeldungen über meine Tätigkeit als
Bürgermeister sind positiv

○ immer ○ meistens ○ manchmal ○ selten ○ nie

31) Es gab anonyme Anrufe aus der Bevölkerung
(zu Hause, im Amt), um mich unter Druck zu setzen

○ ja ○ nein

32) Gerne gehe ich zu Fuß durch meine Gemeinde,
um möglichst viel Kontakt mit Bürgern/innen zu bekommen

○ stimme zu ○ stimme nicht zu

33) Es gibt zunehmend Menschen, die aufs Rathaus kommen
und mit mir *nur sprechen wollen* (keine dienstlichen Fragen)

○ stimme zu ○ stimme nicht zu

VII. Familie

34) Die (letzte) Kandidatur für das Bürgermeisteramt habe ich mit meiner Frau besprochen

O ja   O nein

35) Durch meine Beanspruchung als Bürgermeister kommt es auch zu Spannungen in meiner Familie

O nie   O selten   O manchmal   O häufig   O sehr oft

36) Meine Frau nimmt an meiner Arbeit als Bürgermeister teil (z.B. bei Waldbegehung, Vereinsfesten usw.)

O sehr oft   O häufig   O manchmal   O selten   O nie

37) Die Frau eines Bürgermeisters hilft ihrem Mann am meisten, wenn sie die Ansicht vertritt: „Bürgermeisteramt ist Deine Sache – geht mich nichts an!"

O stimme zu   O stimme nicht zu

38) Ohne den „ruhenden Pol Familie" könnte ich mein Amt als Bürgermeister nicht ausüben

O stimme zu   O stimme nicht zu

39) Schwierige Probleme im Amt bespreche ich auch mit meiner Frau

O ja   O nein

40) Wenn ich daran denke, wie wenig Zeit ich für meine Kinder habe, so bekomme ich ein schlechtes Gewissen

O stimme zu   O stimme nicht zu

41) Die Familie ist den Angriffen aus der Bevölkerung stärker ausgesetzt als der Bürgermeister

O stimme zu   O stimme nicht zu

42) Ich habe in meinem Terminkalender „feste" Zeiten eingeplant, in denen ich nur für meine Familie da bin

○ ja   ○ nein

43) Schwierigkeiten, die sich im Zusammenhang mit meiner Bürgermeistertätigkeit ergeben, halte ich von der Familie fern

○ immer   ○ häufig   ○ manchmal   ○ selten   ○ nie

VIII. Zukunftsperspektiven

44) In wievielen Jahren läuft ihre jetzige Amtsperiode aus?

in .... Jahren

45) Für die kommende Amtsperiode stehe ich wieder zur Verfügung

○ ja   ○ nein   ○ noch nicht entschieden

46) Wenn bei 45) „nein" oder „noch nicht entschieden", bitte mögliche Gründe angeben:
(Sie können so viele Gründe ankreuzen, wie Sie wollen)

○ Alter, Pensionierung
○ Ich brauche mehr Zeit für meine Familie
○ Neuanfang in einem anderen Beruf reizt mich
○ Wer zu lange im Amt bleibt, bekommt Skrupel, ob er alles richtig gemacht hat
○ Belastung im Amt eines Bürgermeisters ist zu groß
○ Es gibt Berufe, wo man sein Geld leichter verdienen kann
○ Zusammenarbeit mit Gemeinderat ist problematisch
○ Das Amt eines Bürgermeisters in einer anderen Gemeinde reizt mich auch einmal
○ Zusammenarbeit mit meiner Verwaltung ist unerfreulich
○ Als Bürgermeister wird man sehr verplant, wird sozusagen „aufgefressen"

○ Ich kann meine Chancen, wiedergewählt zu werden, heute noch nicht sicher genug einschätzen

○ Mehr Bürgermeisterjahre kann ich meiner Gemeinde kaum zumuten

○ Wer zu lange im Amt bleibt, wird betriebsblind

○ Nach einer bestimmten Zeit verliert man den Schwung (die Motivation) für das Amt eines Bürgermeisters

47) Wenn bei 45) „nein", beabsichtigen Sie eine neue Tätigkeit aufzunehmen?

○ ja   ○ nein

IX. Statistik

48) Größe Ihrer Gemeinde(n)

○ bis 2 000 Einwohner

○ 2 000 bis   5 000 Einwohner

○ 5 000 bis   10 000 Einwohner

○ 10 000 bis   20 000 Einwohner

○ 20 000 bis   50 000 Einwohner

○ 50 000 bis 100 000 Einwohner

○ mehr   als 100 000 Einwohner

49) In welcher *Amtsperiode* befinden Sie sich momentan?

In der .... Amtsperiode (1., 2., 3. usw.)

50) Wieviele Jahre sind Sie insgesamt als Bürgermeister tätig?

.... Jahre

51) Wie alt waren Sie, als Sie zum ersten Mal als Bürgermeister gewählt wurden?

.... Jahre

52) Lebten Sie oder Ihre Frau in der Gemeinde, in der Sie jetzt Bürgermeister sind?

   ○ ich lebte in der jetzigen Gemeinde
   ○ meine Frau lebte in der jetzigen Gemeinde
   ○ wir lebten beide in einer anderen Gemeinde

53) Haben Sie eine Ausbildung im Verwaltungsbereich?

   ○ ja   ○ nein

54) Haben Sie vor Ihrer Tätigkeit als Bürgermeister im öffentlichen Dienst gearbeitet?

   ○ ja   ○ nein

55) Wenn bei 54 „ja": Ich war – zuletzt – beschäftigt im

   ○ einfachen Dienst   ○ mittleren Dienst
   ○ gehobenen Dienst   ○ höheren Dienst

56) Schul- bzw. Hochschul*abschluß*

   ○ Hauptschulabschluß
   ○ Mittlere Reife
   ○ Fachhochschulreife
   ○ Abitur
   ....
   ○ Abschlußexamen an einer Berufsakademie
   ○ Abschlußexamen an einer Fachhochschule
   ○ Abschlußexamen an einer Universität
   ○ Sonstiger Abschluß: ....

57) Wie alt sind Sie? .... Jahre

58) Familienstand

   ○ ledig   ○ verheiratet   ○ geschieden   ○ verwitwet

59) Geschlecht

○ männlich   ○ weiblich

60) Zahl eigener Kinder .... Kinder

61) Haben Sie an dem Bürgermeisterseminar „Führungs-
persönlichkeit und Konfliktlösungen" teilgenommen?

○ ja   ○ nein

62) Wenn bei 61) „ja", hat Ihre Frau auch teilgenommen?

○ ja   ○ nein

63) Anschrift Ihres Rathauses und Name des Bürgermeisters

PLZ: .... Ort: ....

Straße: ....

Name, Vorname: ....

X. Fragen von Frau Fröhner

64) Erlauben Sie, daß Ihre Partnerschaft größeren Belastungen
durch Ihren Beruf ausgesetzt ist?

○ ja   ○ nein   ○ kaum

65) Bleibt Ihnen genügend Zeit für Partnerschaft und Familie?

○ ja   ○ nein   ○ kaum

66) Sind Sie aktiv an der Erziehung Ihrer Kinder beteiligt?

○ ja   ○ nein   ○ kaum

67) Glauben Sie, daß Ihre Kinder durch Ihren Beruf mehr
Vorteile haben?

○ ja   ○ nein   ○ kaum

68) Ist Ihre Frau berufstätig?

    ○ ja   ○ nein   ○ kaum

69) Wenn bei 68) „nein", können Sie sich eine Berufstätigkeit Ihrer Frau vorstellen?

    ○ ja   ○ nein   ○ kaum

70) Halten Sie es für richtig, wenn sich Ihre Frau ehrenamtlich in der Gemeinde betätigt?

    ○ ja   ○ nein

71) Nehmen Sie sich Zeit für ein Hobby?

    ○ ja   ○ nein

72) Haben Sie persönliche Freunde in Ihrer Gemeinde gefunden?

    ○ ja   ○ nein

XI. Ergänzungsfragen des Verbandsvorsitzenden BM N. Roth

73) Was gefällt Ihnen am Amt des Bürgermeisters (vgl. auch Frage 2)?
(Bitte kreuzen Sie 3 Punkte – mit Reihenfolge 1, 2, 3 – an)

○ Gestaltungsmöglichkeiten

○ „eigener Herr" / Selbständigkeit

○ Vielseitigkeit der Aufgaben

○ Verantwortung für andere / helfen können

○ Kontakt zu Mitmenschen

○ gesellschaftliche Stellung

○ Einkommen / Verdienst

○ ....

74) Was gefällt Ihnen *nicht* am Amt des Bürgermeisters?
(Bitte kreuzen Sie 4 Punkte – mit Reihenfolge 1, 2, 3, 4, – an)

O zuviel zeitliche Beanspruchung
O zuviel psychische Belastung
O zuviel Belastung der Familie
O zu wenig Privatsphäre
O zu langer politischer Willensbildungsprozeß
O zuviele staatliche Vorgaben / zu wenig Handlungs-
   spielraum
O zuviel Bürgerbeteiligung
O zuviel Parteieneinfluß
O zuviel Repräsentation
O zu wenig Einkommen
O ....

75) Was soll geändert werden, um das Amt des Bürgermeisters
attraktiv zu erhalten / machen?
(Bitte kreuzen Sie 3 Punkte – mit Reihenfolge 1, 2, 3 – an)

O verfassungsrechtliche Stellung der BM ändern
   wie? ....
O mehr Kompetenzen
O mehr Gestaltungsfreiheit / weniger Vorschriften
O weniger Bürgerbeteiligung
O mehr Bürgerbeteiligung
O weniger zeitliche Beanspruchung
O mehr Schutz der Privatsphäre
O mehr Einkommen
O bessere Pensionierungsvorschriften
O ....

76) Wie lange sollte ein Bürgermeister im Amt bleiben?
(1 Antwort)

○ 1 Amtsperiode,

○ 2 Amtsperioden,

○ 3 Amtsperioden,

○ bis Altersruhestand

77) a) Die neuen Ruhegehaltsvorschriften für Bürgermeister
sind

○ befriedigend   ○ nicht befriedigend

b) Es wird z.T. erwogen, für Wahlbeamte bessere
Ruhegehälter einzuführen, diese aber erst ab dem
55. Lebensjahr (wie bei Bundes-/Landespolitikern)
zu geben, also nicht gleich nach der abgelaufenen Amtsperiode.
Halten Sie dies für erstrebenswert?

○ ja   ○ nein

Die Autoren

Dr. Siegfried Bäuerle, Diplom-Psychologe und Pädagoge, geboren 1941 in Pforzheim, lehrt Psychologie an der Pädagogischen Hochschule und an der Universität Karlsruhe, war Rektor einer städtischen Grund- und Hauptschule und zuvor zehn Jahre bei der Deutschen Bundespost beschäftigt, zuletzt als Briefträger.

Veröffentlichungen u.a.: Kriminalität bei Schülern (Bd. 1 & 2, 1989), Der gute Lehrer (1989), Lehrer auf die Schulbank (1991), Der suchtgefährdete Schüler (1993), Schülerfehlverhalten (3. Aufl., 1994), Ich bin, Ich kann, Ich mag (zus. mit Prof. Dr. Moll-Strobel, 1996), Rechtsschutz gegen staatliche Erziehungsfehler (zus. mit Prof. Dr. Pawlowski, 1996).

Professor Dr. Franz-Ludwig Knemeyer, geb. am 3. 5. 1937 in Münster/Westfalen, Studium der Rechtswissenschaften in Münster und München, nach der Promotion in Münster und Ablegung der II. Juristischen Staatsprüfung in Düsseldorf wissenschaftlicher Assistent an der Ruhr-Universität Bochum. Dort 1969 Habilitation mit einer Schrift über Regierungs- und Verwaltungsreformen, dann kurze Tätigkeit im Bundeskanzleramt, 1970 Berufung an die Julius-Maximilians-Universität in Würzburg und Betrauung mit dem Vorstand eines neu geschaffenen Instituts für Verwaltungsrecht.

Die Arbeitsschwerpunkte lagen in dieser Zeit vor allem im Bereich des Kommunalrechts, des Polizei- und Sicherheitsrechts sowie des Hochschulrechts.

1978 Gründung des Kommunalwissenschaftlichen Forschungszentrums Würzburg und Übernahme der Vorstandschaft dieses Forschungszentrums, Herausgeber der Schriftenreihen „Kommunalforschung für die Praxis" und „Kommunalrecht – Kommunalverwaltung" – derzeit 24 Bände – ferner der „Entscheidungen zum Kommunalrecht – EzKommR". Verfasser zahlreicher Monographien, Mitwirkung an zwei Großlehrbüchern sowie Autor der vier Lehrbücher: Bayerisches Kommunalrecht, 9. Aufl., Bayerisches Verwaltungsrecht, 4. Aufl., Polizei- und Ordnungsrecht, 7. Aufl., Polizei- und Ordnungsrecht, Prüfe dein Wissen, 2. Aufl.

Norbert Viktorin Ludwig Roth, geboren 24. März 1938 in Heilbronn, war von 1967 bis 1995 Bürgermeister in Hechingen/Hohenzollern. 1979–1996 Vorsitzender des Verbandes der Baden-Württembergischen Bürgermeister, Mitglied in verschiedenen regionalen, nationalen und europäischen kommunalen Kommissionen, seit 1995 Vorsitzender des Regionalverbandes Neckar-Alb, seit 1985 Lehrbeauftragter für Kommunalverfassungsrecht an den Fachhochschulen für Öffentliche Verwaltung in Ludwigsburg und in Kehl. Verschiedene Veröffentlichungen zu kommunalpolitischen Fragen.

Univ.-Professor Dr. Hans-Georg Wehling, geb. 1938 in Essen, Abteilungsleiter der Landeszentrale für politische Bildung Baden-Württemberg in Stuttgart (Abt. IV Publikationen), Honorarprofessor für Politikwissenschaft an der Universität Tübingen, Sprecher des interdisziplinären „Arbeitskreises Baden-Württemberg, Landeskunde, Landes- und Kommunalpolitik" an der Universität Tübingen.
Studium Politikwissenschaft, Geschichte, Germanistik in Münster, Freiburg, Heidelberg und Tübingen.
Herausgeber der Vierteljahreszeitschrift „Der Bürger im Staat" und der „Schriften zur politischen Landeskunde Baden-Württembergs" (bislang 25 Bände).
Forschungsschwerpunkte: Politische Kulturforschung, Landeskunde und Kommunalpolitik.

Zu den Publikationen gehören u.a.: Regionale politische Kultur (Hrsg.), Stuttgart 1985. Kommunalpolitik in Baden-Württemberg (Hrsg. zusammen mit Theodor Pfizer), 2. Auflage Stuttgart 1991. Kommunalpolitik in der Bundesrepublik Deutschland, Berlin 1986. Der Bürgermeister in Baden-Württemberg (zus. mit H.-J. Siewert), 2. Auflage Stuttgart 1987. Beitrag Kommunalpolitik in Bertelsmann Lexikothek Band Wirtchaft – Gesellschaft – Politik, Gütersloh 1995. Oberschwaben (Hrsg.), Stuttgart 1995.